ジャン=ポール=サルトル

サルトル

●人と思想

村上嘉隆 著

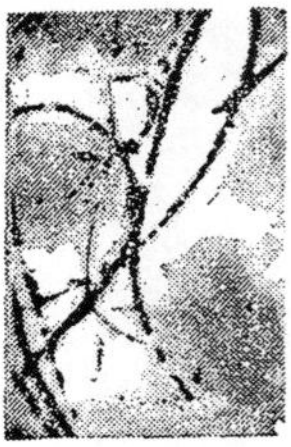

34

CenturyBooks 清水書院

サルトルと私

サルトルにひかれた理由

私がサルトルの思想に親しむようになったことの理由は、大別すると二つあるように思われる。その一つは、サルトルが現代二〇世紀に生きる思想家であり、このわれわれの生きている時代をよく哲学的に表現することができたからである。もう一つの理由は、サルトルばかりでなく、ボーヴォワールをもふくめて、彼らの哲学者として、また芸術家としての生き方の姿勢、むしろ彼らの人間的個性に共感するところが多くあったからである。

哲学は時代の子

ヘーゲルは、その『法哲学』のなかで、「もともと各人は時代の子である。哲学もまたそうであって、思想のうちに把握されたその時代なのである」といっている。サルトルもサルトルの哲学も、やはりその意味で「時代の子」なのである。私個人も広い意味でサルトルと同時代人であり、同じ時代の関心に生きているのである。では、サルトルが把握した現代とはどのようなものであり、また、どのような意味でサルトルの哲学と文学は時代のよき概念的把握でありえたのであろうか。

サルトルが生まれた時代

サルトルが生まれたのは、一九〇五年六月二一日である。つまり、二〇世紀のほぼ初頭にこの世に現われたのである。この時代とは一八七〇年頃から徐々に進行しはじめた資本主義の独占化が軌道にのり、いわゆる「帝国主義」の段階がはじまる時期なのである。資本主義による組織的収奪が軌道にのりはじめたといってもよい。この時代は、一方ではマルクス・エンゲルスの思想を受けついだレーニンの思想がその力を発揮しはじめた時代であった。

しかし他方では社会や組織に絶望した知識人が、「この世の外ならどこへでも」（ボードレール）という形で、社会から逃避・離脱して消費的享楽的な個人主義へと敗退して行く、こういった二つの風潮の交錯《こうさく》した時代なのであった。この社会から離脱した個人は、「呪《のろ》われた詩人たち」とよばれ、いわゆる「世紀末」のデカダンス芸術を、あたかも夕映《ば》えのようにかざっていたのである。

マルクス主義か実存主義か

しかし、一夜があけて世紀が変わると、世界では暗黙のうちに戦争への不吉な準備がすすめられ、享楽的な風潮にも一抹《いちまつ》の無気味さが加えられるにいたるのである。文明の名において先進資本主義国が、植民地への野蛮な収奪を行なう「ボーア戦争」の史実から霊感を受けて、ロマン＝ロランが戯曲『時は来らん』を書き、時代への抗議の声をあげたのは、一九〇二年であった。サルトルが生まれたのは、ちょうどこういった時期、つまり組織対組織の収奪や階級闘争の激化の段階がはじまりかけた時期であり、また同時に、資本主義社会に寄生しつつも、これを呪い、これから逃避するといった

「呪われた詩人」、この社会の私生児が、その生活を円熟させきった時期でもあったのである。社会の発展を必然性で描くマルクス主義と個人をその個別性で把握する実存主義とが、時代を大きくひきさいていったのである。

生まれながらの実存主義者

サルトルの出生の個人的情況は、実存主義者サルトルを形成するのに、まったくあつらえむきの条件をそろえていた。サルトルは早く父を失い、祖父の家に母とともにひきとられる。サルトルは家族全員の寵愛《ちょうあい》を受けるが、ちょっと調子にのってはしゃぐと、母が「静かになさい、ここは私たちの家ではないのですから」といってたしなめるのである。サルトルは、たしかに家族には属してはいたが、いつもよそ者であり、よけい者であると感じていた。この姿勢は、ブルジョア社会に寄生する「呪われた詩人」の姿勢にまったく等しいのである。つまり、サルトルは、一九世紀のブルジョア文化の成果を自らの出生の条件とするという不思議な宿命のなかに投げ入れられていたのである。

個人から集団へ

ところが、成人するにつれてサルトルは変貌する。サルトルの（いままでの）全生涯はこの呪われた個人から出発しつつ、この個人がどうして組織や社会と一体化しうるか、その方法や理念をおいつめる一生であったと思う。これが、実存主義者サルトルのマルクス主義への接近という形をとるのである。もちろん、サルトルの組織論や革命観には批判すべき点は多い。けれども、個人から出発しつつも、これを組織の時代、階級闘争の時代といわれる現代に迫ろうとするその方向において、サルトルの哲学が現代の哲学であり、時代の哲学でありうる理由があるのである。

二〇世紀後半の現代は、ますます組織の時代、階級闘争の時代でありつづけると同時に個人の問題への正しい解答が要求されている時代でもあると思う。組織の問題と個人の問題との正しく統一ある解答を提出することのできる哲学が、現代を導く哲学となることができるのではないかと思う。その意味でサルトルの哲学は、現代社会が投じた設問への解答の一つとしてある重要な地位をしめるものであると思う。しかし、サルトルの見解が果たして真に正当な解決のすべてをいいつくしているか否か、これは大いに検討してみる必要がある。ともあれ、ここでは、まず、よくサルトルの哲学をみつめ、これを理解し、そのうえに立ってこれを評価し、批判して行くことがたいせつであろう。

たぐいまれな率直さ

つづいて、私がサルトル、ボーヴォワールに共感する第二の理由、彼らの人間的個性について。まず第一にあげたく思う点は、彼らの個人的態度がしめす、たぐいまれな自己欺瞞《ぎまん》のない率直さである。ボーヴォワールは、彼女の自伝『或《あ》る戦後』のなかで「私がずっとたいせつに守ろうとしてきた美点の一つをたいていの人は認めてくれた。それは、自慢からも自虐《じぎゃく》からも程遠い率直さである。私は三〇年以上も前から、サルトルとの会話でその修練を積んできた」とのべている。世は自己PRの時代、宣伝しなければそんだと考え、いつしか嘘《うそ》までほんとうだと自分自身が信じこんでしまうような時代。何々のためという大義名分で自分を正当化して、自分で自分を聖者に仕立ててしまう。反面「謙虚《けんきょ》な人だ」と世の人が評価するような人物は、意外に卑屈《ひくつ》でうらみっぽく、神がかっているものである。しかし、サルトル、ボーヴォワールは、これらの自己欺瞞や卑屈さから遠い。彼らは聖者でも英雄でも偉人でもない。彼らはただあるがままの人間として、精いっぱいの姿勢で生きていく。

なれなれしさ

幼い頃からサルトルは古今の名作とよばれる作品と親しむ。そんな関係もあって、サルトルには「歴史上の偉人たちを学友たちのように扱い、ボードレールやフローベルに関して、歯に衣《きぬ》を着せずに意見をのべる」といった「なれなれしさ」の態度が残っている。私は研究者の態度として、こういった「なれなれしさ」が好きである。わが国では、たとえば演奏者が作曲家に対して、研究者が思想家に対して不必要に卑屈ではないだろうか。謙虚にふるまったからといってわかりが早くなるわけではない。友人のような忌憚《きたん》のない意見交換のほうが先決である。私個人に関していうならば、サルトルを尊敬すべき大思想家としてではなく、何か私のライバルのような気持で意識していた。先日、私はサルトルに関する小さな研究書を出版したが、その時、ある友人に、「サルトルが『存在と無』を書いたと同じ年頃に、俺はそれの解説を書くんだからちょっとできがちがうな」といったら、その友人は笑って「だいぶちがうんじゃないかね」といった。しかし、すぐ私をなぐさめるような調子で「だが、とにかく、お前とサルトルとはライバルのようなものだったからな」といってまた笑った。私はこれでいいのだと思う。どちらが偉

サルトルとボーヴォワール
（ローマにて）

人で能力があるかないか、それは二の次で、まず「なれなれしく」対決すべきではないだろうか。

愛情に神話はいらない

ゲーテは『ファウスト』のなかで「およそ生活でも、自由でも、日々これをかち得て、はじめてこれを享受《きょうじゅ》する権利を生ずる」といっている。ボーヴォワールは彼女の恋愛論のなかで、「永遠の愛」といった、一度獲得すれば、あとはそれに頼っていればよいといった姿勢を、きっぱりとしりぞける。ボーヴォワールは、何か神がかった「愛の神話」などをきっぱりとしりぞけるのである。人間の愛情はたえまなく新しく創造しつづけられなければならない。この創造的情熱どうしの日々新たに獲得される結合にこそ真の愛情がある。彼らは神がかった宗教的な真実さよりも、不断の創造をこととする芸術的情熱のほうを重んずるのである。

同じくゲーテの詩に「新しい恋、新しい生命」という一節があるが、サルトルとボーヴォワールは、まったくこの「新しい生命」をともに生きついできたのである。もちろん、ボーヴォワールの愛情論には、結婚という形の情熱のあり方についての論述が乏しい。何か愛情論を恋愛論に解消する傾向がないわけではない。しかし、神秘化された愛情の欺瞞を拒否する彼女の姿勢には共感すべき点が多い。

サロン哲学者

サルトルは彼の原稿をサロンやレストランの片隅《すみ》で書くことがある。だから、彼のことをサロン哲学者だといって悪口をいう者がいる。劇作家として一流で哲学者として二流だとか、ほめたりくさしたりするような批評もある。大変おもしろい批評だが、とにかく、古代から哲学者には、ソクラテスやデオゲネスのように巷《ちまた》で哲理を説く哲学者と学校の机の上でだけ哲学を説く哲学者との二つのタイプがあった。どちらが一流でどちらが二流かは知らないが、サルトルははっきりサロンのなかばかりでなく、場合によってはトイレのなかにまで哲学をもちこむ種族に組みしている。アカデミックな哲学に私生活のすべてまで注ぎこむという意味で哲学に忠実な人種と、生活のどの隅にまでも哲学をもちこんできて、その意味でいたるところ哲学でいっぱいといったタイプとでは正反対である。どちらを選ぶかは個人の好みかも知れないが、私はサルトルの態度のほうが好きである。

とらわれの身

サルトルには実にたくさんの顔がある。哲学者としてばかりでなく文学者としての活動も多様である。現代の若い諸君が、いったい、サルトルのどんな側面に共感を感ずるのか、私には大変興味深いことがらである。私自身、最初にサルトルにふれたのは、心ならずも大学受験にとじこめられていた頃、短篇『壁』を読んだのがそもそものはじまりである。同時にロマン＝ロランの『内面の旅路』の一節「私はとらわれの身だ」という箇所を発見し、「胡桃《くるみ》の殻《から》にとじこめられたまま自分を無限の空間の王として見出すことができたらいい!」という若きロランの観念的な祈願に共感していた。ところがサルトルの主人公は、自分をとらえた牢獄のなかから、ほんの偶然のチャンスで脱出する。脱出に成功した主人公は「涙が出るほど笑って笑って笑いこける」のである。これはちょうど、入りたいとねがってはいても受験もしていない大学から、何かのまちがいで合格通知がまいこむようなものである。私は「存在は偶然である」という趣旨のこの小説を読んで「ふん」といった感じであった。

選ぶ前の待機

やがて、大学の教養部の時代、『実存主義はヒューマニズムなり』を読んで、「人間は、最初は何者でもない。人間はあとになってから人間になるのであり、人間は自らがつくったところのものになる」という一節を発見した。教養部にいて、どの学部のどの学科を選ぶか漠然と考えごとをしていた私は、この一節がよくわかるような気持がした。私には専門も決まっていず、したがって専門的能力も知識もなく、もちろん地位も財産も職もない。つまり「何者でもない」と思った。そして、何になるか、これから自分で選択し、自分の何者かをつくって行かなければならない。いまは、何者でもなく、自分を「待機」させている。夏目漱石の「三四郎」も、自分を「待機」させ、うろうろしながら学生時代を終わるのである。私は一方ではこの「待機」を楽しみ、他方ではあせりにあせりながら青春の何ヵ年を送るのである。

人間の弱さと強さ

私が学部に進んだ頃、レッドパージの嵐が吹き、朝鮮戦争の暗雲が目先を暗黒にぬりつぶしていた。サルトルの『文学とは何か』のなかで「束縛《そくばく》の文学」という言葉を知り、「私は拷問《ごうもん》に耐えられるだろうか、と考えずに眠りにつくことのなかった世代に属する」という発言に共感した。学生運動の経験のなかで（当時はつよがりをいっていたが）とてもおそろしいと感ずることがないわけではなかった。ベテランの活動家からは、小林多喜二の時代はこんなものではなかった、といわれ劣等感をとぎすまされた。そんな時、サルトルの文学の人物は、ある時は英雄的に、ある時は率直に「駄目《だめ》な男」の役を演じているのをみて、人間とはそのいずれの面も真実なのではないかと思った。生まれながらの英雄などいるものではない、「駄目な男」が英雄にもなり、英雄もきっと時々は「駄目な男」なのだ。そのどちらを選ぶかは、その人の自由によっている、というサルトルの考えには一概に賛成はできず、その人をつくる思想の内容を無視して、単に自由な決断といっても抽象的だとは思ったが、「駄目な男」の率直さが好きであった。要は、強さ弱さをもふくめて、ありのままの人間から出発しながら、その人間的弱さの一つ一つを克服することのなかに人間性の勝利があるのではないだろうか。私はロマン＝ロランの『ジャン＝クリストフ』のなかで「悩み、戦い、やがては勝利する魂」の姿勢について学び、マルクスから、現代人が、どうしたなら歴史のなかで価値ある存在となることができるのか、という点について学んだ。サルトルからはありのままの人間をありのままの目でみつめる態度、誰もみていなくても自分にだけは嘘をつかない態度少なくとも自分で自分に恥じるような態度だけはとりたくない――つまり自分自身にたいするプライドのようなものについて学んだ。

年をとったライバル

このようにして、折にふれサルトルに接触しながら私の青春時代はすぎていった。哲学を専業とするようになってからは、ヘーゲルとマルクスとサルトルの三つの柱が私の思索の中心をなすようになっていた。サルトルの思想は現代二〇世紀の現況を鋭くつくものとして、たえず私の関心の的であった。もちろん、サルトル自身の個人観や社会観と私自身のそれとがまったく同一のものではありえず、むしろ、正反対の場合もないわけではなかった。しかし、たとえその解答の結果において正反対であっても、問いかける問題意識において、私はサルトルとふれ合うものを多く感じていた。だから、その結論がくいちがったり、反対であればあるほど、私はサルトルをいっそう強く意識した。私がサルトルを私個人にとって対決すべき相手、つまりライバルだと感じたのはこういった次第によってなのである。とはいっても、サルトルは私より二〇幾歳か年上の兄貴分であり、私がこの兄貴分を知った時、彼はすでに壮年であった。その後一〇年、二〇年と年月がすぎたが、私は心のなかでは、いつまでもサルトルは壮年のままだと思いこんでいた。先日訪日したサルトルが、すでに六〇歳をこえたということをあらためて意識して、私は自分の年齢を思わず数えなおした。いつまでも若いと思いこんでいたボーヴォワールも、目下、人間の「老い」という現象の研究に打ちこみこれを完成させたという。このサルトルの思想が、私よりすでに一世代あるいは二世代も若い諸君のどんな共感をそそるのか、今度は私のほうから問いかけたい気持でいっぱいである。そんな意味もあって私個人のサルトル体験の一端にもふれてみたのである。

本書のねらい

最後に本書のねらいについてふれておこう。一口にサルトルの思想と生涯といっても、その思想には哲学から文学作品、評論にいたるまで、きわめて多岐《たき》にわたっている。生涯といっても、サルトル自身の自伝『言葉』からボーヴォワールの自伝にいたるまでくわしく紹介すれば、それだけで十分に一冊の分量となる。また、哲学的大著の名著解題的な紹介も、原著が大部のものであるだけにとうてい十分のことはなしえない。ともあれ書物がまがりなりにも一つの生命をもち、独自の個性をもつものであるためには、書物の大小にかかわりなく、その書物独自のねらいがあってしかるべきである。本書は大別して二つの目標のもとに書きすすめられた。

その一つは、サルトルとマルクス主義との関連はどういうものなのかといった点について解明すること、それにつれてサルトルの思想の位置を確定し、サルトルの哲学的・文学的主張の要点を定型化することである。二つめとして、サルトルの思想的変貌の謎というか、変貌の論理というか、その変転の諸段階を論理的に把握しようというねらいである。この二つのねらいを基準としてサルトルの思想と生涯を概観し、要所要所の理論や作品を論じながらサルトルという一人の人物の全体像に迫ってみたい。もちろん、サルトルの全体像とは「全体化する全体性」なのであり、しかも、いまだ存命中の人物に完結した全体像などありえない。だからこそ変貌のなかでサルトルを論じようと思うのである。

目次

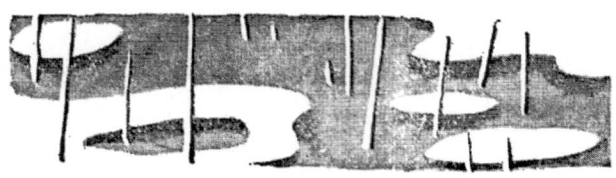

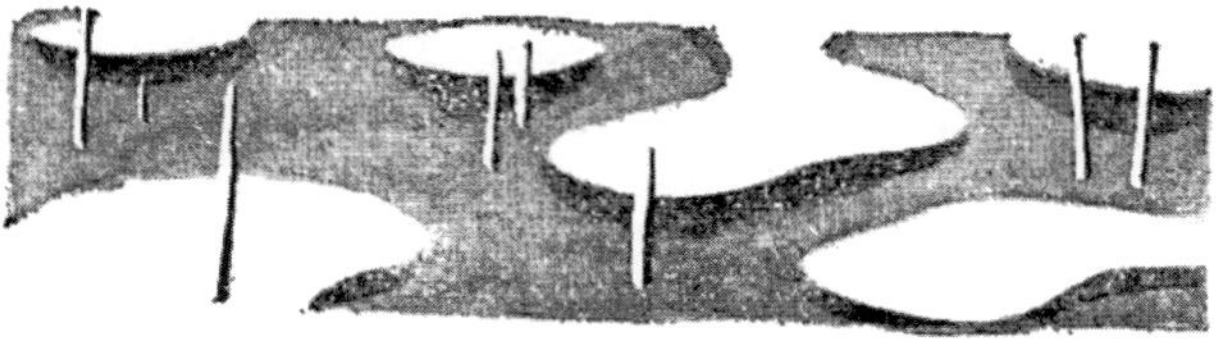

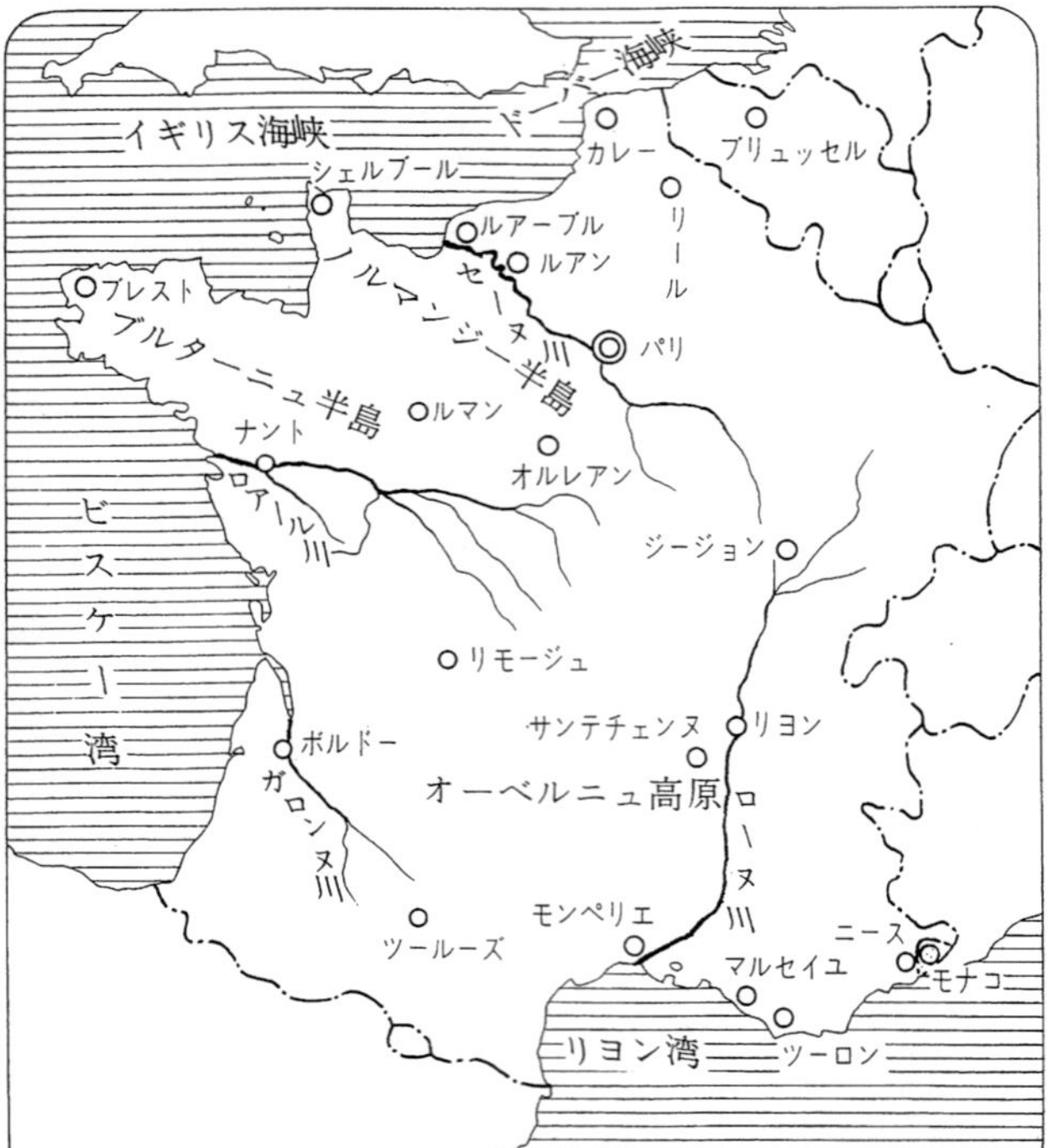
ドーバー海峡
イギリス海峡
カレー
ブリュッセル
シェルブール
リール
ルアーブル
ルアン
ブレスト
ノルマンジー半島
セーヌ川
パリ
ブルターニュ半島
ルマン
ナント
オルレアン
ロアール川
ビスケー湾
ジージョン
リモージュ
サンテチェンヌ
リヨン
ボルドー
オーベルニュ高原
ガロンヌ川
ローヌ川
モンペリエ
ツールーズ
ニース
モナコ
マルセイユ
ツーロン
リヨン湾

フランス全図

I

サルトルという人

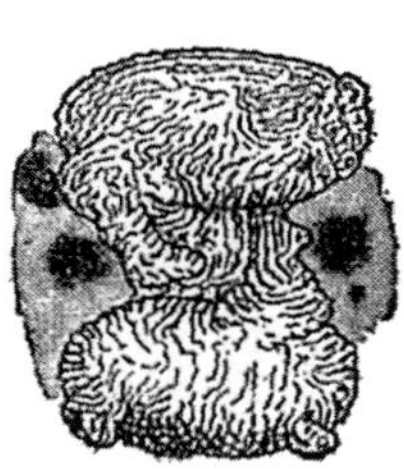

サルトルとボーヴォワール

その出生

ジャン＝ポール＝サルトル、一九〇五年、六月二一日パリに生まれ、一九〇七年に海軍の技術将校であった父を失う。その後、母とともに母方の祖父母にひきとられる。祖父はすぐれたドイツ語教師であったが、アルベルト＝シュヴァイツァーは、祖父のおいにあたる関係なのである。祖父は読書家であり、大変な蔵書家でもあったので、幼いサルトルは自然と書物に親しむ習慣を身につけ、幼くして物語を創作したりする。一九一六年、母は再婚する。義父は父と同じような造船関係の技術者。幼くして父を失い、母の再婚を経験するという点で詩人ボードレールと同じ経歴をたどった。その意味で、後年サルトルがボードレール論を書き、幼年期の体験が詩人ボードレールの形成に大きな役割を果たした次第を強調する理由がわかる。

一九一五年、アンリ四世高等中学校に入学。級友のなかに、のちのコミュニスト作家、ポール＝ニザンがいる。精神的に大きな影響を受ける。義父の勤務先の関係で、ラ-ロシェルに移転し同地の高等中学に転校。一九二四年、パリの高等師範学校《エコール・ノルマル》に入学する。この高等師範学校は、文科系の学校としてはフランス随一の優秀校であり、外交官、知識人のなかにすぐれた先輩をもっている。ロマン＝ロランも同校の卒業生である。事実、サルトルの同期生にはすぐれた人材が多く、ポール＝ニザン（作家）、レイモン＝アロン（パリ大学社会学教授）、モーリス＝メルロ＝ポンティー（サルトルとならぶ現代フランスを代表する哲学者。リヨン大学、ソルボンヌ大学、コレージュ－ド－フランスの教授。サルトルとともに雑誌『現代』を創刊する。のちサルトルと論争。一九六一年急死）、ジョルジュ＝ポリツェル（マルクス主義哲学者。フランス唯物論哲学のもっとも指導的な思想家。ナチスの占領下で知識人の抵抗組織をつくったが、ゲシュタポにとらえられ、激しい拷問《ごうもん》の末、一九四二年銃殺された）、シモーヌ＝ド＝ボーヴォワール（サルトル夫人。作家・哲学者）などがいた。

メルロ＝ポンティー

高等師範《エコール・ノルマル》学校時代

サルトルが一九歳の時、三つ年上の不思議な美女カミーユと大恋愛劇を演ずる。大恋愛というより、大変なご執心といったほうがいい。世のなかには娼婦《しょうふ》だか文学少女だか文学的大天才だかはっきりしない得体《えたい》の知れぬ女性が存在するものである。おそらくカミーユもその種族の一員であったのにちがいない。「ふさふさとした金髪、青い服、きめの細かい肌、魅力的体つき、非のうちどころのないくるぶしと手首」をもった美女。高級娼婦のような友人づきあいを誰かれとな

若き日のサルトル

く行ない、長い髪をほどいて素裸でストーブの前に立ち、ニイチェを読んでいた。もちろん、カミーユもいつまでも娼婦をつづけるつもりはなかったが、つつましやかな家庭婦人になる気もなかった。そこに、一九歳のわがサルトルが登場する。サルトレは、「彼だけが彼女を田舎《いなか》の月並の生活から救い出すことができると説き、カミーユが自分の知性に賭《か》け、教養を高め、書くことをすすめ、自分が道を開く手助けをしてやる」といった（ボーヴォワール『女ざかり』）。若きナイトの大熱演である。サルトルは、しばしばカミーユのもとにおとずれ、眼をさますと彼女はニイチェの『ツァラトストラ』の一節を大声で読んでいた。しかしカミーユは「自分がジョルジュ＝サンドのようになる日を待ちながら、今までの生き方をちっとも変えようともしなかった。」（ボーヴォワール『女ざかり』）

世にはいかがわしい情熱というものがある。通りいっぺんのいかなる情念よりもきらびやかで、魅力にみち、生命感にみち、活力にみちている……。これが美女の体内で輝くものである時、それに若干の本能がともなうなら、いっそう、何が知性で何が向上心だかわからなくなる。ニイチェは、生きて行くもの、動くもののなかに情念を発見していた。それが破壊であれ、混乱であれ、それは問わない。この情念が大女優を生むのか、大女流作家を生むものやら、インチキな生の哲学を説くあやしげな娼婦にすぎぬものやらわかったものではない。げてもののなかで輝く知性、インチキ情念のつくる運動は本物の真珠よりも、ヴェアトリーチェよりも、崇高にみえる。わがサルトルは多分にげて物趣味、救い主気どりの女性解放論者。全然げて物的情念をもたないボーヴォワールが、そばですっかりコンプレックスをもちはらはら、いらいらしたのも道理である。しかし、カミーユは演出家のデュランと結婚し、交友はつづいたとしても一応の結末に達したのである。

ボーヴォワールとの恋愛

ほんとうにすぐれた女性、自分と同等の知性をもち、自分にふさわしい情念をもった女性を、サルトルはボーヴォワールに求めていた。彼らは同じ高等師範学校で哲学を学ぶ

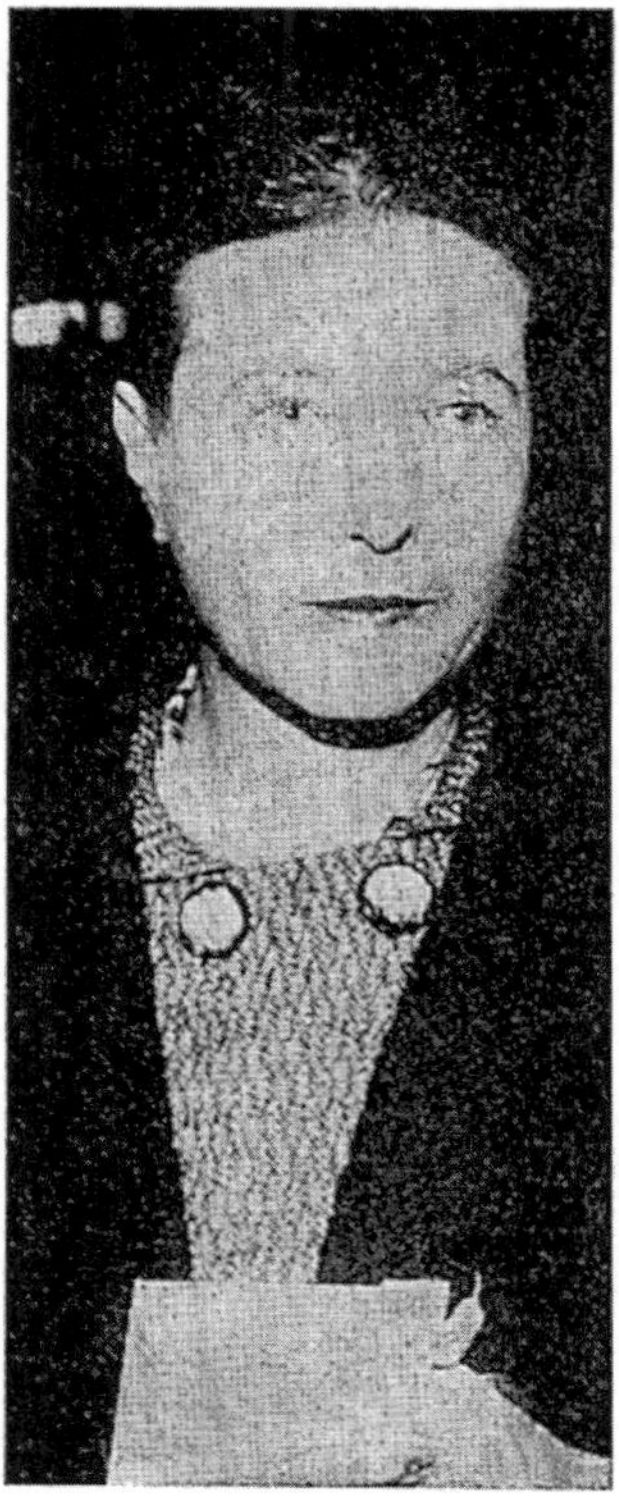

ボーヴォワール

1908年生。ソルボンヌ大学哲学科卒。哲学者、作家としてサルトルとともに第一線で活躍。哲学的女性論『第二の性』、小説『招かれた女』『レ・マンダラン』などで有名。

同窓生として親しく交際していた。サルトルは特にニザン、エルボーと親しく、それにボーヴォワールを加えたグループでは、誰もがボーヴォワールに親切だった。もちろん、ニザンもエルボーもすでに結婚していたので、結局、サルトルがもっぱらボーヴォワールのお相手をする順序になっていった。しかし、ボーヴォワールに「カストール」というあだ名をつけたのはエルボーであった。ボーヴォワール Beauvoir を英語風にもじると Beaver となり、英語では「海狸《ビーバー》」の意味となる。この「海狸」を逆にフランス語に求めると「カストール」になるわけなのである。サルトルは生涯ボーヴォワールのことを「カストール」と呼び、彼の処女作『嘔吐』には「カストールにささぐ」という献辞がついているほどである。先日訪日したサルトルは、「美しい紅葉した木を緑のなかで発見したり、往来でめずらしいものをみつけると、いつも『海狸《カストール》、見てごらんなさい』『海狸《カストール》、あの山のきれいさ……』と事ごとにボーヴォワールの名を呼んだ」（朝吹登水子『ボーヴォワールとサガン』）、と全日程行動をともにした朝吹登水子氏は書いている。

ボーヴォワールは、彼女の大著『第二の性』のなかで彼女がもって自らの根拠とする恋愛のあり方を論じているが、それらのすべては彼女とサルトルとの間でつくりあげられた愛情生活を理論化したものなのである。彼女の恋愛論のもって理想とすべき姿は、『第二の性』のなかでスタンダールのロマネスクを論じた箇所に集約された形で説かれている。ボーヴォワールがスタンダールを高く評価する理由は、スタンダールが、情熱においては男女は平等であるという見解を実践した点にある。ボーヴォワールはいっている。「女をもっとも誠実に考えた時代は、男が女を同等者と考えた時代である。女のうちに一個の人間的存在を認めることで男の生活経験は貧しくはならない。それが主体と主体の相互関係に行なわれるならば、豊富さも強さもけっして失わないはずだ」と。さらに、ボーヴォワールは、真の情熱は個人の自由のまっただなかでとらえられなければならないと主張する。「真正の愛または高貴な情熱は、恋する者の自由な投企のなかではじめて現われるものである。すなわち恋人たちが彼らの自由を相互に自覚しつつ与えあい取りあう喜びから、生理的な愛はその力と品位をひきだすのだ。」ボーヴォワールは、その情熱が真に自由なものである時にのみ、自分を高め、また相手の情熱を自由なものへと高めることができると主張する。情熱は自由と一致してはじめて本来的なものとなることができる。「わが自由を純粋に保存していた女性たちは、いったん自分にふさわしい対象にであうと、情熱によってヒロイズムにまで高揚する。」

さらにもう一つつけ加えておきたいことは、ボーヴォワールの自由への投企は、きわめて情熱的行為であったので、自由とは単に理性的人格の満足につきず、常に幸福との一致を理想としていたということである。ボーヴォワールは『女ざかり』のなかで、「私は一生のうちで自分ほど幸福にたいする本能に恵まれた人間に会ったことはないし、また私ほど頑強にしゃにむに幸福に向かって突進して行った人間も知らない。もし人が栄光を私に差し出してくれたとしても、それが幸福にたいする喪であったら、私は栄光を拒否しただろう」とのべている。このボーヴォワールの自負は、地上に生きる者が、生あるかぎり、地上での喜びのすべてを味わいつくし、来世の幸福などみむきもせず、地上を花とかざって死んでいく、こういった現世と人間を讃美するこころの現われなのだ。反面、名誉より幸福を、というボーヴォワールの考えは、彼女特有の女性らしい執着心と素直な女のこころを感じさせる。

ボーヴォワールは文学的名声を得た時、その名誉ゆえの喜びより、このことがきっかけとなり、普通ならとうてい得られないような交友を得た、その喜びのほうが大きかったと語る。他方、サルトルはボーヴォワールと若干ニュアンスがちがって、一応の文学的野心にもえ、自分の作品を心ひそかに未来の文学史のなかに位置づけていたのである。すぐれた作品であればあるほど生前はあまり評価されず、死後になってはじめて名声を得るものだと頭からきめてかかっていたサルトルは、思いがけず早くやってきた名声の前で、かえってとまどい不安になるのである。名声を得たということは、作品が俗悪なものだという証拠ではないか、と。「いっぺんに有名人でしかも破廉恥漢《はれんちかん》にされてしまったサルトルは、かねての野心を越え、かつそれと矛盾する名声を得たことに不安を抱かずにはいられなかった」とボーヴォワールはのべている。思いがけずやってきた幸運のおかげで「死の床で栄光に包まれる」という「呪われた詩人」のイメージを失ったサルトルは、この喪失を転じて、「一時的なもののなかに絶対性を置こう」と決心するのである。「自己の時代に閉じこめられた彼は、永遠を排してこの時代を選び、時代とともにまったく滅び去ることを受け入れ」たのである。このボーヴォワールとサルトルに共通する態度は、単に世間的な栄光や名誉に安んぜず、それを常に人間的充実でうらづけ、この人間的充実のゆえにこの地上と現在を肯定するという現世主義者としての姿勢である。

自由な男女の二つの主体が、その時々の情熱の投企に愛情の発現を賭けて行く、というサルトル＝ボーヴォワールの恋愛論は、反面、情念の永続的な共同体としての結婚という形態を拒否するという結果となる。彼らの愛情論は、いわば永遠の恋人であることを求めるものなのである。二つの自由な主体の情熱的投企のつづくかぎりしか、愛情関係は存在しえない。恋愛と結婚の両立の不可能を結論とする彼らの愛情論は、虚偽にみちたブルジョア的結婚制度への批判を動機としているものであるとはいえ、やはり、その点に最大、唯一の欠点があるといえる。両性が自由、平等であるままで、一つの共同体を形成することは不可能であろうか。マルクスは、「個人的定在における人間が同時に共同的存在となる」関係を男女関係に認めていた。結婚という共同体がそのまま各個人の独自性と自由をみたす。

サルトル・ボーヴォワールと結婚論

では、なぜ、サルトルとボーヴォワールは結婚という形態を拒否するのか。それは彼らの自由論から由来している。彼らの自由は、何らかの事物・自然を超越して行く人間的投企のなかにしか認められないものなのである。事物や自然に依存して生きる態度を内在的態度とよんでこれを激しくしりぞけるのである。自由とはこの内在を超越し、内在を支配する反自然的行為においてのみ成立する、と彼らは考えている。したがって、愛情もまた同様に内在をこえる情熱的投企である以外のものでありえないということになるのである。愛情はそれが真に自由と一致するものであるなら、内在的な共同体をしりぞけ、超越する二つの自由の情熱的投企の合致点において以外成り立たない。だから、二人の男女は、それぞれ一個人として、自由人として単独に生活し、情熱的投企において共同性に到達するとい

サルトルとボーヴォワール
(朝吹登水子氏別荘にて)

う次第となる。サルトル＝ボーヴォワールにあって、結婚否定論の根拠となるべき理由は、大別して二つあるように思われる。(i) 一方の自由は相手の支配超越となり、一方が自由なら他方は物となる。(サルトルとボーヴォワールは、相互に相手を尊敬し合っているし、実践的には相互承認が成立しているので、この理由はあまり彼ら二人については適当でない) (ii) 超越的投企を強調するあまり、内在的共同生活を軽視する結果となった。(この理由が、彼ら二人の場合にあてはまる)

確かにボーヴォワールの愛情論には、べったりとした、マイホーム的奥様族の内在主義がもつ反社会的姿勢への激しい攻撃がある。また、女性天職論とでもいうべき、女性の血縁的部落への埋没をしりぞける点で大いに賛同すべき点が多い。しかし、情熱の自由は、すべて反自然的投企にのみ認められるものであるとして、内在的自然の充足のいっさいを否定するのはどうだろう。恋愛の時期には、求めあう二つの主体の激しい投企がすべてである。しかし、結婚にあっては、求めあう両性の一致点は、激しく燃えて追求する努力の彼方に存在するのではなく、日常の生活の、毎日のできごととして実在するようになる。その時、両性の合致点はすでに求めて追求する対象ではなく、そのなかに住んで安らう出発点となっている。結婚における情念とは、人間的自然の深い充足の共同性にほかならないものであると思う。この人間的自然の充足という内在性が、結婚した人間にとって、さまざまの人間的投企・行動のエネルギーの源泉となっているのである。この充足感情は、表面は静かであっても実に深く激しい情熱にみちたものなのである。この人間的自然の充足という結婚の情熱を、すべて内在主義としてしりぞけるボーヴォワールの考えには一概に賛同しがたいものを感ずる。

　この内在的自然性としての個人が結婚という形での共同生活をおくる場合、これがどういう形の共同生活であるのかということが、当然問題とならざるをえないであろう。これが、没個人的・血縁的家族主義への埋没という形で果たされる時、われわれはボーヴォワールとともにこれを激しく拒否しなければならない。だからといって、内在的共同性そのものをまでしりぞける必要はない。それぞれの個体としての独自性と主体性をもったままで、二つの個体の個性的な充足の連帯関係をつくりあげることが可能であるはずではないか。また男女の連帯はそれ自身で一つの充足体を形成するという側面も決して忘れるべきではないと思う。

必然の恋と偶然の恋

ボーヴォワールは、その自伝『女ざかり』のなかで次のようにいっている。「サルトルは一夫一妻制度向きではなく、二三歳の彼は、さまざまな女の魅力をあきらめるつもりは全然なかった」と。さらにサルトルは「十八番《おはこ》の言葉」で、「僕たちの恋は必然的なものだ。だが、偶然の恋も知る必要があるよ」といっては、ボーヴォワールに説得するのだった。まったくサルトルとは調子のいい男である。

ボーヴォワールは、このサルトルの説明に対して、次のような解釈を加えている。「私たちは同じ種族の人間であって、私たちは生命のつづくかぎり仲良しでいるだろう。それは、異質の人間たちとの出会いの束《つか》の間の豊かさを凌駕《りょうが》するものではないが……」と。世の結婚は大別して二種類ある。その一つは、似た者どうしの結婚、同質の者どうしの結婚であり、他は異質の者どうしが、それぞれお互いの性格・個性が反対であるがゆえにひき合うという関係のうえに成立した結婚である。世のなかの結婚は一夫一婦制のうえでは、どちらかを選ぶ以外にはない。だから、どちらを選んでも、他のタイプを欠如として感ずることはさけがたい。その意味で、完全な愛というものは天上にも地上にもどこにもありえないものなのである。だから、両性間の結合の普遍妥当的な原理といったものは存在しない。あるものは個性と個性との、同質どうし、同質・異質いずれかの結合形態のみである。個性と個性との間における相対的に長期間の共存、これがいつわらざる現実である。これが結果として、「二つの生涯に一つの恋」という形をとる場合もあるであろうし、一夫一婦制を前提とすれば離婚と再婚という形態をとる場合もあるであろうし、サルトル流に、一夫一婦制を積極的に肯定せず、二つの恋を同時に併行させて行く場合も可能であろう。ちなみに、エンゲルスは「愛にもとづく婚姻だけが道徳的であるならば、おなじく愛の存続する婚姻だけが道徳的である。しかし、個々人の性愛発現の存続は、個々人によってひじょうに相違する。とくに男性の場合においてそうである。そして、愛情がげんに終熄《しゅうそく》したり、新しい情熱的な恋愛によって駆逐《くちく》された場合には、離婚は、当事者双方にとっても、社会にとっても善行である」とのべて、離婚・再婚の可能性について論求している。

さて、ボーヴォワールはサルトルとの恋愛を同質的結合と断定している。これは大局的にみてその通りだと思う。サルトルは、同質的結合のほうを必然の恋と断じているが、これは一概に断定しがたい――ただ、ボーヴォワールとの結合が必然的ということなのであろう。ボーヴォワールのほうは、よりリアルに、同質的結合のほうが、つねに異質的結合を豊かさにおいて凌駕するとは限らない、と考えている。ボーヴォワールの処女作『招かれた女』は、この主題を発展させたものである。知的情熱において同質的な一組の男女の前に、感覚的情熱において鋭い一女性が現われる。男は異質な女性グザビエールにもひかれるようになる。女主人公は結局、この愛の相剋《そうこく》の結末を、自分のライバルの殺害、つまり他者の絶対的排除によって以外解決しえなかったのである。この『招かれた女』の内容となった事柄は、実在するできごとをモデルとしたものなのである。サルトルとボーヴォワールとオルガという少女との関係がそれである。もちろん、実在する関係では、オルガは田舎《いなか》の両親のもとに帰り、破局に達することはなかったが、いずれにせよ、同質の結合を維持しながら、同時に異質の女性の魅力をもあきらめない、というこのサルトルの恋愛劇も単純に平和ムードで両立できるものではありえなかったことだけは確かである。

契約結婚

サルトルとボーヴォワールは、人間的にも学問的にもお互いに親愛の情をいっそうと深いものにしていった。彼らが駅のプラットフォームで落ち合うと、サルトルはすぐさまボーヴォワールの手首をにぎりしめて、「僕は新しい理論を立てたぞ」というのだった。

一九二九年のある日、彼らは映画のあと、ある庭園まで歩いていき、ルーヴル博物館の一翼よりの石のベンチにすわった。その時、サルトルは、「二年間の結婚契約を結ぼう」と提案したのである。二年間お互いにパリで住み、その後は外国で職を求めてもよく、どこか世界の一隅で再会して、しばらくのあいだ共同生活を営む……。ボーヴォワールはこの提案に賛成する。そして、「『もし彼が二二ヵ月後きっかりに、アテネのアクロポリスの上で午後五時に会おう』といったとしたら、きっかり二二ヵ月後の午後五時にアクロポリスの上で再会する確信がある」と思うのだった。ボーヴォワールは「サルトルが私より先に死なないかぎり、彼から私にどんな不幸も来るはずがない」と思った。

この契約結婚というものは、いうまでもなく、ブルジョア法の立場では正式の結婚とみなされがたいものなのである。

一九三一年、ボーヴォワールが教職を決めなければならない時がきた。その任地がマルセイユと決まった。パリから八百キロメートルも離れたところ！　ボーヴォワールは愕然《がくぜん》とした。サルトルとの別離を覚悟しなければならない。ボーヴォワールのなげきとひどい狼狽《ろうばい》ぶりをみて、サルトルは彼らの計画をもう一度検討しなおし、正式の結婚にふみきろうといいだした。確かに結婚は彼らの主義に反していた。しかし、サルトルは、マルセイユ行きが不安を招くこういった状況では、「主義のために犠牲になるというのはばかげている」とつけ加えた。ボーヴォワールは熟考のうえ、サルトルのこの提案を受け入れず、いままで通りの契約を続行することにするのである。サルトルは同年、北フランスの港町ルーアーヴルの高等中学校の哲学教授として就職する。ルーアーヴルとマルセイユとそれぞれ任地はちがってもひんぱんに会うこともいっしょに旅行することもできるではないか。このようにして彼らの「契約結婚」は存続した。長きにわたること約四〇年、現在にいたるまで、この契約は継続されている。

ボーヴォワールがサルトルの結婚の申し出を受け入れなかった理由についてボーヴォワール自身次のようにいっている。主義に対して意に反していたことに加えて、「私たちのアナーキズムも堅固で果敢であり、社会が自分たちの私生活に介入する（ブルジョア的結婚制度に束縛されるという意味で—筆者）ことを拒否」したかったこと。「独身は私たちにとって自然だった。よほど重要な理由がなければ、嫌悪する社会の諸慣習に譲歩する決心はつかなかった」また、「共同の習慣でお互いを束縛しようということは考えていなかった」という事情も加わる。結婚にともなう「家庭的義務、社会のつまらぬ用事」に束縛されることの度合は多くなる。しかしボーヴォワールにとって、彼女自身の自由を保とうという気持はさほど重大でなかった。それより、ボーヴォワールは、サルトルという人は旅、自由、青春をすてて家長としての義務にとらわれるような生き方をするべき人間ではないと考えていた。サルトルが「結婚した男たちの仲間入りをすることはあきらめを意味していた」から。

ボーヴォワールと母性

もし彼らが子どもが欲しかったら、正当な男女関係に入らざるをえなかっただろう。しかし、彼らは子どもが欲しくなかった。もちろん、ボーヴォワールも「赤ん坊に興味をもったことは一度もなかったけれど、もう少し年のいった子どもたちにはしばしば魅了され」はした。だが、まず「サルトルは自足していた」し、ボーヴォワールも自足していた。だから、血をわけた分身の必要を感じなかった。次に、ボーヴォワールと両親との間に「ほんのわずかの共通点しか見出し」えなかったので、逆に彼らが子どもを生んでも、縁もゆかりもない子どもが現われる可能性がつよい。「子どもをもつ前から、息子や娘はあかの他人のように感じられた。」むしろ、子どもたちの「無関心、あるいは敵意」すら予想される。一定の主義によって私生活をまで律しようという生き方を選んだ人間にとって、生まれてくる子どもの生き方と主義上折り合いがつくということは万が一にも予想しがたいことであろう。少なくとも、こういう事情がある以上子どもをつくろうという創意を阻害すること、はなはだしいといわざるをえない。さらに、ボーヴォワールにとって、「母性は一生を賭けている道(作家)と両立しないように思われた」のである。ボーヴォワールは、子どもを生むということは、作品をつくるということと同じ価値をもつものとは考えなかった。子どもを生み育てることは、作品の創造のような価値の創造を意味しない。なぜなら、ボーヴォワールの哲学によれば、子どもに価値を与えるものは子ども自身の人間的投企による以外にはありえず、親であれ神であれ人間に外から価値を与えることなどできがたいことなのである。ボーヴォワールは結論的に要約して「私は母性を拒否したのではない、母性は私にむいていなかったのである」といっている。

ボーヴォワールの最近作である短篇『控え目の年齢』は、年老いた学者夫妻と息子との対立を主題とした作品である。知識人としての生活に価値を感ずるように習慣づけられた夫妻は、息子をも同じような学者の道をつがせようとする。しかし息子は博士号も大学教授も断念して、もっと収入も権力も自由となる政府の役人になろうといいだす。政治的にはまったく正反対の立場への転身である。確かに、優秀な学者を両親にもつ息子にとって、両親は「重荷」だったのだろうし、ソ連にも中国にも組みしがたいと考える若い層にとって、進歩勢力といっても漠然としたものに感じられてくる可能性も十分ありうるだろう。しかし、両親にとってひどい失望であった。反面、老夫婦自身にも、あらそいがたい「老い」の手が迫ってくる。初老の年齢で学問的に学界をリードし、少なくとも自分の過去の水準をのりこえる仕事をつづけることは至難の技である。夫アンドレは、一五年間このかた新しい理論をつくりえなかった自分を清算して高等師範学校《エコール・ノルマル》の教授を辞任する。女主人公も最近出した評論集が、単に過去の繰り返し、総括整理にすぎないことを発見して愕然《がくぜん》とする。「人はある部分は硬化し、他の部分は腐ってゆく。人は決して成熟しない。」老境を人間的成熟の時期と称するのは、老人のために、あるいは老人が自分たちのためにつくった神話なのかも知れない。とにかく、不断に「自分をのりこえる」努力を老境にまで維持することは大変なことである。この二人の老人は、まず息子は息子、自分たちは自分たちという現実になれ、次に自分たちの「老い」になれるようにならなければならない。そして、「あまり遠い先」のことを考えるのをやめて、もう一度、自分たちのまわりを認識し、この世界でできうる限りの冒険、この「最後の冒険」をせめて希望あるものとしなければならない。老人にとって、もはや世界をリードし、学界をリードする仕事はのぞめないとしても、「冒険を生きる」という生き方をすてることだけはできないのだから。

結婚の可否の選択に苦慮した二〇歳代のボーヴォワールと、六〇年余（一九〇八年生）人間稼業をいとなんできた末かきあげられたこの作品との対比は興味深い。もちろん、女主人公の考えがすなわちボーヴォワールの思想であるとはいいがたいし、ボーヴォワールの考えがすなわちサルトルの考え方に等しいとはいわない。ただ、一九二九年に契約された結婚が、今日まで生きつづけられ、生きつがれてきたという事実がある。旅行を愛し、著述を愛し、論争を愛しつづけた、その生涯の「冒険」が、その時々の充実を賭けた、財も名誉もいらぬ行為でありつづけたこと。この「冒険」は老境にいたってまでたとえ質や形を変えてもあい変わらずつづくであろう、その人生への投企が同時にサルトルとボーヴォワールの愛情の投企でもありつづけるであろう。この作品の女主人公の言葉、「私たちはいっしょだ。それが私たちのせめてもの幸せだ。私たちは、そこからもう二度と戻ることのない、この最後の冒険を生きるために互いに助け合うだろう」は、年老いたサルトルとボーヴォワールの二人のための言葉でもあるように思われてならない。

サルトルの歩んできたみち

サルトルの業績

一九三三年、サルトルはドイツに留学し、フッサールやハイデッガーの哲学を学んだ。特にフッサールの現象学を学び、その影響を受けながらも、想像力に関する独自の研究をすすめる。一九三四年留学を終え、ルーアーヴルへ帰る。一九三七年『自我の超越』『壁』を発表。一九三八年、小説『嘔吐』を出版する。この小説の出版の決定は、ボーヴォワールを「飛びあがるほど喜ばせた」大ニュースだった。一九三九年、第二次大戦がはじまり、サルトルは砲兵隊気象班として動員される。一九四一年、釈放されパリへ帰り、高等中学校に復職する。戯曲『蠅』完成。

一九四三年、大著『存在と無』を発刊。

一九四四年、パリ解放。一九四五年、教職をしりぞく。雑誌『現代』を、メルロ＝ポンティー、ジャン＝ポーラン、レーモン＝アロンなどと発刊する。「実存主義はヒューマニズムか」と題した講演を行なう。一九四六年『唯物論と革命』、一九四七年『文学とは何か』、一九四八年戯曲『汚れた手』などを発表する。だいたい、一九五一年ごろまでのサルトルは、唯物論やマルクス主義政党からは一線を画し、これと異なれる立場からこれを非難する傾向がつよい。個人的自由と歴史的現実という二元論的分裂に悩んでいた。

サルトル

一九五二年、アンリ＝マルタン釈放運動、反リッジウェイ・デモ、共産党副書記長デュクロ逮捕への抗議運動、これらの事件を通してサルトルとマルクス主義との関係は徐徐に深められていった。（アンリ＝マルタン事件とは、海軍水兵アンリ＝マルタンがインドシナ戦争反対のビラをまいたかどで禁固五年の刑に処せられたことに端を発したものである。その釈放運動を通じてサルトルとコミュニズムとの接近が可能となった。この運動の結果、マルタンは特赦を受けることができた。）同年、長年の友人アルベール＝カミュと論争する。ここで、首まで歴史につかって歴史のなかで闘争する姿勢をうち出す。左派の立場から右派を攻撃するために『共産主義と平和』を書く。マルクス主義との接近は強められる。

一九五七年、ハンガリー事件特集号に『スターリンの亡霊』を発表する。スターリンのあやまちを指摘しつつも、それのよって起こらなければならない社会的事情から説明をときおこし、「スターリンが生まれたのは、国の内外の状況の要請によるものであって、社会主義の偏向ではなく、余儀なき迂回《うかい》なのだ」と結んだ。このサルトルの態度は、共産主義運動へのはっきりとした協力・参加の姿勢をうち出したことになり、その態度を前提とした批判という立場をとったことになるのである。

アルジェリア独立戦争に対するフランス政府の弾圧政策に対して、一貫して反対の姿勢をうち出していたサルトルは、一九五九年、『アルトナの幽閉者』を発表し、官憲に対して抗議するとともに、歴史的事件に対する個人の責任の問題を追求した。

一九六〇年には『存在と無』につづく第二の大著『弁証法的理性批判』を刊行した。一九五七年に発表した『方法の問題』は、大著の序説の形をとり巻頭におさめられる。サルトルは、この序説のなかで、はっきりと「マルクス主義はわれわれの時代の哲学である。それを生んだ状況がいまだのりこえられていないため、マルクス主義はのりこえられることはできない」と規定した。実存主義は、むしろ、知の余白をうめる補助であり、「知の外にこぼれ出た、体系の一部分のようなものとして現われる」と定式化した。ただし、サルトルが考える意味で、「マルクス主義者の知性が自らの貧血症を認識せず、その知を人間の理解のうえに依拠させるかわりに、独断的形而上学のうえに築きあげるかぎり、実存主義はその探究をつづけるであろう」とのべた。しかし、その逆に、「マルクス主義的探究が人間学的知の基礎として人間的次元（実存的投企）を取りあげるようになる日から、実存主義はその存在理由をもはやもたなくなるであろう」と断定した。『弁証法的理性批判』は、その意味で、実存主義者サルトルが、「時代の哲学」マルクス主義との総合をこころみた、生涯を賭けた理論的決算書であったといいえよう。「弁証法的理性」とは、独断を排した「全体化された全体知」の成立を目標とするものなのである。このことは同時に、社会と個人との間の矛盾を解消して、一つの「全体化された全体性」に達しようというこころみでもあったのである。

もちろん、このサルトルの大著もマルクス主義、実存主義それぞれの立場からそれぞれ批評の対象となった。とはいえ実存主義にあっては、そもそも統一だった一つの真理体系などを目標にするものではないので、これもまた一つの実存主義であるということで、それぞれの実存主義者が、自己の体系との区別を明確にすればそれですんでしまうことであろう。しかし、一つの科学的真理という立場に立脚するマルクス主義の立場からは、サルトルのマルクス主義理解そのものが、そもそも正当なものであるか否か検討の対象となるべき事柄なのである。だが、社会主義社会の発展、ならびに世界の民主的勢力の増大という現況にあって、集中的民主主義の高度の発展成長ということが時代の課題となってきている。きわめて高度に発展した民主主義の存立が、革新的陣営内部においても強く要望されるにいたっている。組織の集中化された発展が同時に、組織に属する個々人の能力を全面的に開化し、共有された社会の富が各人の全面的発達という形で分有されるべきこと、科学的真理の判断をめぐる活発な討論の自由が保証されるべきこと、こういった要請が時代の要求となってきている。こういう段階にあって、サルトルの提起した個人と集団との論は、それぞれの批判を前提としたうえで正しく検討されるべきものというべきであろう。

サルトルという人

一九六四年、ノーベル文学賞がサルトルにおくられるが、サルトルはそれを辞退する。この辞退の理由について、いろいろの解釈をくだすことができる。もしアルジェリア戦争に反対する共同の努力に与えられた平和賞であったなら、おそらくそれを受けたかも知れない。し

東京カテドラル聖マリア大聖堂

かし、個人に与えられる文学賞がもつ性格もさることながら、ノーベル賞自体、すでにその西欧一辺倒の傾向はすでに公平さを失ってしまったともいえる。サルトルは事実、ノーベル文学賞の西欧作家優先を非難してスウェーデンの記者にはっきり「よりよきものの勝利、つまり社会主義の、を期待します」と答えている。また、サルトルの仕事の質からいって、いまさらノーベル賞が何だ、という気持も考えられる。しかし、サルトルの真意は、むしろ、世間の栄光より個人の充足に生きるという、サルトル＝ボーヴォワール的生き方の表明であると思う。「ノーベル文学賞受賞者サルトル氏」より、「ただのジャン＝ポール＝サルトル」のほうが自分にふさわしいと考えたのである。夏目漱石が文部省から一方的におくられた文学博士号を辞退した事件があり、痛快事として話題となったことがあったが、(この場合、官憲へのむきになった反抗の姿勢もみられるが)ただの夏目金之助で生きたいという漱石の意図と合い通ずるものを感ずるのは私だけであろうか。

▶文芸家協会のレセプションにて

▼歌舞伎座にて（尾上梅幸と）

一九六六年九月、サルトルはボーヴォワールとつれだって日本を訪れた。出版社の招待による、日本の文化風物に接しようという気軽な旅行であったが、東京と京都で記念講演を行ない、精力的にわが国の文化、風光を見聞してまわった。サルトルは桂離宮に感銘し、法隆寺の全景を入口の石段に腰をおろして眺め入り、東京目白にある丹下健三設計のカトリック教会（東京カテドラル聖マリア大聖堂）を激賞した。龍安寺の石庭をみて、サルトルは写真で知っていたが写真ではほんとうの美しさがわからない、といい「空虚ではなく、充実した空間がある」と批評した。講演では、サルトルは現代社会における知識人の役割を説き、ボーヴォワールは有職婦人知識人、婦人専門家の生き方について論じた。

一九六六年、バートランド＝ラッセルの提唱するベトナム戦争犯罪国際法廷に参加し、その裁判長をつとめた。現在にいたるまで平和と社会主義の立場を一貫してつらぬいている。

ボーヴォワールの翻訳者として知られている朝吹登水子氏は、パリで彼らと親しく交わった際、見たままの情景を、その著書『ボーヴォワールとサガン』のなかで説明しておられるので、最後にそれを紹介しておこうと思う。

「ボーヴォワールとサルトルが非常に規則正しい生活をしているのには驚いた。午前中は執筆、午後二時から仕事の関係や友だちたちと遅い昼食をレストランでする。ボーヴォワールとサルトルと昼食をする日も何曜日と決まっている。昼食後、ボーヴォワールは三時半から四時半頃までを面会時間に当てている。彼女はサルトルを静かに仕事させておくため、彼に面会を申し込む人にかわって面会することがしばしばあるようだ。夜の食事もやはり一般の人たちの食事時間とずらせた九時すぎから始めるから、レストランで食事をしても、あまり人目につかずのんびり食事ができる。そして夕食後は二人とも全然執筆をしないで雑談する。一週間のプログラムも、何曜日はサルトルの母堂を訪問、『現代』誌の編集の相談会、サルトルが自分の友だちに会う日、というふうに決まっていて、そのときどきに応じて多少変更をするがだいたいは実行されている。別々な家に住んでいるが、旅行やヴァカンスなどいっしょに生活したい時はいっしょにする。二人の住いは歩いて数分、ちょうどよい距離で散歩かたがた往き来するのに絶好である。サルトルの家は本棚と机、という知的な住いで、二人は午後そこで仕事をし、夜、二人がオンザロックを片手におしゃべりをするボーヴォワールの家は、旅行のスーヴェニールや、お人形や、スナップショットや、花などに埋まったたのしい雰囲気の場所である。」

この紹介をみてもわかるように、彼らの生活は、何ら禁欲的克己主義のともなわぬ簡素さにみちている。現世主義者が人生によせる期待が、最も本質的な人間的充実という点に集中しているとき、現世を外面的に飾る財産や栄光は無用である。個体の充実と幸福にかけるモーツアルト的とでもいうべき現世肯定の生活がここにある。わが自由をみたす住居と若干の旅行。もちろん、サルトル・ボーヴォワールの思想が、個体的投企にかける期待が大きすぎるといわれていることも事実である。しかし、反面、マルクス主義がどうの実存主義がどうのという議論は一応さておいて、老年にいたるまで不断に個体としての自己の開発に賭ける彼らの生き方は、一人の個人が築くべき生涯のある一つの典型像を提起してあまりあるものというべきであろう。

Ⅱ　サルトルの思想

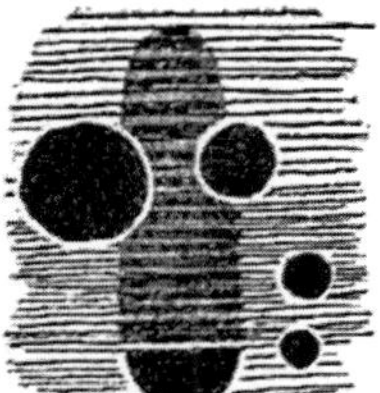

■ 明晰なる無償性

哲学的私生児

死者の息子

一九〇五年に生まれたサルトルは、一九〇七年に父を熱病で失った。海軍の技術将校であった父は「海軍には入れるな」という遺言を息子に残しただけで、何一つ父親としての「挨拶もせずにこっそりと立ち去り」、息子が父親と「知り合いになる喜びを拒んだ」のである。だからサルトルは父親について何も知らない。サルトルは、すでに、その出生において「死者の息子」であったのである。

サルトルは自分の出生を批評して、自分が「死者の息子」であったということは、むしろ「奇蹟の子」と呼ぶほうがふさわしいとい

2歳のときのサルトル

っている。父親の死、そして父親なしで幼年期を形成した男にとって、いったい何が「奇蹟」であったのだろうか。父親の死は、彼を支配し、彼に命令を与えるある絶対的秩序や権威から彼を解放することにより「母を鎖につなぎ、反面私（サルトル）に自由を与えた」のである。父親の死によって母アンヌ＝マリーは実家にもどるが、彼女に与えられた役割は下女、看護婦、料理女等々であった。他方、祖父の世話を受ける運命となったジャン＝ポール＝サルトルの演ずべき役割は「自由」であった。この何ものにも直接支配されずにすむという「奇蹟」は、サルトルの父親が、ちょうどよく「潮時を選んで死」んでくれたことのおかげである。世の父親は社会の秩序と権威を教え、その秩序と権威に服従することから、息子の人生レッスンが始まる。そして、息子は父親と彼が属する社会に反抗し自分で立法する年代に達してはじめて「男になる」のである。しかし、サルトルには、こんな複雑な段階論は不必要であった。奇蹟的にサルトルは自由とと もに生まれついていたのである。

「私は『超自我』（フロイトの精神分析学の用語で、個人を規制する社会の命令的規範のこと。幼年時代両親を通じて形成されるとされている）を持っていない」とサルトルは語っている。

「信じ難いほどの私の身軽さは、まちがいなく、奇蹟的な出生に由来している。私は服従ということを学ばなかったので、笑いながら、あるいは笑わせながらしか人に命令を下したことはない。」

命令と服従とは一体をなしている。何ものにも服従することを知らなかったサルトルは、人に命令することにも関心がない。「私は指導者ではないし、指導者になることに憧れてもいない。」服従からも命令からも自由な、不思議な「身軽さ」、ここに成人した思想家サルトルのある一つの原型を認めることができる。

呪《のろ》われた自由

幼いサルトルは自由だった。この奇蹟ともいうべき自由は、反面手痛い代償のうえに成り立つものであった。父親を失った息子は、家政婦になりさがった母親と一組になって、他人《ひと》の家にひきとられた。確かにサルトルは自由勝手のことができた。しかし、その自由は、当然よりかかって住むべき家、自分を支えてくれる場所をもたなかった。サルトル母親子《おやこ》は「一度も自分の家を持ったことがない」。六〇歳をこえたサルトルは、ある日、レストランで、主人の七歳の息子が出納係《すいとう》の女に「お父さんがいないときは、ぼくが主人だぞ」と叫んでいるのを聞く。サルトルは自伝のなかで、その時の感想をしみじみと述懐している。「これこそ一人前の男というべきだ。彼ぐらいの年齢のとき、私は誰の主人でもなかったし、私のものはひとつもなかった。私がめずらしくはしゃいだりすると母は『気をつけるんだよ、ここはわたしたちの家じゃないんだから』と囁《ささや》く」のであった。

サルトルの自由はその出生から呪われていた。幼いサルトルは、勝手気ままに動けても、当然帰港すべき港をもたぬ幽霊船に似ていた。誰もが、めいめいこの世界に、めいめいの場所をもっているのに、自分だけが「除《の》け者」あつかいをされ、自分自身の存在理由を見失ってしまっている。サルトルは「秩序立っているこの世界における、異常な自分の存在を恥かしく」思うのである。もし父親が生きていたなら、幼い息子はひとりでに、この「秩序立った世界」の一員としての存在権を身につけ、秩序は彼のなかに住みついていたであろう。父親の主義を己の主義とし、「彼の無知までをも己の知とし」て生きる無邪気な一時期を送ることができたであろう。「父親が生きていたら、私に持続的執着心を植えつけていたであろう」とサルトルは回想している。確かに幼いサルトルは物質的にも何不自由なく育った。しかし、何ひとつとして「自分のもの」といえるもの

サルトルの家族たち（遠足のとき，模範的孫息子の大役を演ずる）

はなかった。欲しいものは何でも「借り」なければならなかった。彼は「父の仕事の未来を託された後継者」でもなく、「財産の依託者」でもなかった。通常、世の財産は、所有者に「彼が何ものであるか」を映《うつ》しだす。しかし、父はなく、財産はなく、日常品の所有からも切りはなされた存在にとって、彼は「何ものでもないもの」であるにすぎなかった。幼いサルトルの自由は空《から》っぽの自由であるにすぎなかった。サルトルは自分を秩序からみて「除け者」と感じ、自分の自由をかえりみて「抽象的存在」であるにすぎないと感じた。幼いサルトルは自由でいっぱいだったが、その自由は存在をもたなかった。自由は存在から疎外されていた。

自由と存在

どんなものにも拘束されることのないものは、またどんなものにも所属していない。その自由は存在をもたず空虚である。サルトルは後年、自分のこの体験を『蠅』の主人公オレストの性格として描写している。サルトルと同じように幼くして父を失ったオレストは、自分の母国から遠くはなれたところで成育する。彼の教僕は彼を何ものにも拘束されることなく自由に人生を味わいうるように教育した。教僕はオレストを「ごりっぱな青年、金持で美しく、老人のように思慮深く、あらゆる隷属《れいぞく》から、またあらゆる信仰から解放され、家もなく、祖国もなく、宗教もなく、職もなく、あらゆる約束事に対して自由であり、決して自らを拘束すべきでない事を知っていらっしゃる卓抜なお方」と評価する。オレストは、しかし、自分の状態に満足していない。自分の自由は「風が蜘蛛《くも》の巣から引き離し、地面から一〇尺ばかりの所に浮かんでいる蜘蛛の糸のような自由」であるにすぎない。「僕は一本の糸の重さしかなく、僕は虚空《こくう》のなかに生きている。僕は、自由だ。しかし、僕の魂ほどみごとな不在があるだろうか」と考えるのである。

「僕は存在していない。僕は霞《かすみ》のようなためらいがちな、まばらな亡霊のような恋を経験したが、生きた人間の濃密な情熱は知らない。私は他人に対しても、私自身に対しても異邦人として町から町をさまよっている。そして町は僕のうしろに、静かな水のようにまた閉ざされるのだ。」

オレストは自分の自由を、決して「嘆きはしない」としても、反面、この空虚な自由から脱出して、たとえ拘束を身に受けようと、身を危険にさらそうと、自分の「自由」と「存在」との断層をうめ、社会にとって「なくてはならない存在」になりたいとねがう。

「もし、たとえ罪悪を犯しても、もし彼らと同じ市民の権利を僕に与える行為があるとしたら……」

自由と存在との断層をうめること、これはオレストのねがいであり、幼きサルトルのねがいであったばかりでなく、生涯を通じての思想家サルトルの最大のテーマでもあった。サルトルは自由と存在とのテーマを追いもとめながら苦闘し、さまざまに変貌し、この二つの統一を求めてマルクス主義にまで接近するのである。サルトルの生涯は「自由と存在」との間の対立と統一の歴史である。

お芝居

では、幼きサルトルにとってなしえた最初の行為はどんなものであっただろうか。それは、存在と自由とが一致したふりをすること、芝居がかった演技で贋《にせ》の存在劇を熱烈に演ずることだった。存在の世界からしめ出されてしまった子どもは、存在の世界に住むおとなたちのまなざしの欠くことのできぬ対象となろうと考えた。いつもおとなたちのまなざしの対象となり、まなざしの関心をそそるような役を演ずることだった。「委《まか》されている唯《ただ》一つの仕事はひとの気に入られることであり、見てもらうため」の演技を繰り返すことだった。「行為は芝居での仕種《しぐさ》に変わっていった。」孤独で空虚な魂は、彼の演ずるこっけいでおもしろい仕種のおかげで人気ものとなり、つねにフットライトをあびた。まなざしの対象になりきることで、その対象がさししめす人物像、りこうな子とかよい子とかいう人物の存在に一体化することができる。俳優は自分の自由をすててハムレットになりきる時、自分はハムレットとして存在するようになる。またおとなたちのまなざしを通じて、おとなたちの世界にも所属することができた。おとなたちの視線の前でサルトルは「模範的孫息子」の大役を演じ、この「贋の大役」の大熱演を通じておとなたちの世界に所属することが許された。

「私の真実も、私の性格も、私の名前も、おとなたちの手中にあった。私は彼らの眼を通して自分を見ることを学んだ。私は子どもだったが、おとなたちが彼らの視線によってつくりあげる怪物だった。おとなたちはその場にいないときまでも、光線に混ぜ合わせて視線を残しておくのだった。私はこの視線を通して走ったり跳ね廻ったりしていた……。」

私生児

父なし子が演ずる大熱演、おとなたちと幼いサルトルとのこの「神聖な契約」も、実はいつ破られるかわからない不安定なものであった。「一番悪いことにおとなたちがへたな芝居をしているのではないか」と幼いサルトルは疑っていた。おとなたちは単に調子をあわせているのではないか。事実、おとなたちはほんとうの声にもどるや「坊や、向こうへいってお遊び。話があるんだから」と、簡単に大熱演を打ち切った。さらに、サルトルの心のなかに「自分は詐欺師《さぎし》だ」という確信が現われはじめ、この「透明な確信」が「いっさいを台なし」にしてしまった。結局、幼きサルトルは存在から放逐された。存在に籍をもたない子どもは、いわば哲学的な意味で「私生児」のようなものだった。

「私生児」は存在との断ち切りを知り、自分の演技の無益さと欺瞞性を十分知りつくしながらも、この無益な演技を繰り返す以外にはない。サルトルはあるおもしろい例でこの関係を説明している。不正乗車した男が、車掌の検札に合い「切符は？」とたずねられる。自分には切符はない。つまり、正当な存在証明書をもっていない。しかし、男はその瞬間、その個人の自由と想像力のすべてを賭けて、ある演技を思いつく。「実をいうと国家の重要で極秘の用件のためにここにいる。考えなおしてほしい。私を降ろすことは国家の秩序を混乱に陥れるかも知れない。」車掌は沈黙を守っている。車掌はおそらくその男の説明を信じていまい。また彼自身自分の嘘《うそ》を信じていない。しかし、「私が話しつづけている限り、車掌は私を降ろそうとはしないだろうという確信」だけがある。存在の正当な存在理由にはむかう、この想像力と自由の高慢さをみる時、ずいぶん自惚《うぬぼ》れが強いと思うかも知れない。サルトルはいっている。

「そうではない。私には父親がいなかった。父なし子としての私は高慢と惨めさでいっぱいであった。」

私はかつて学生時代に贋学生と交友をもった経験がある。その男は学生と称してアルバイトをしながら生計をたて、学生運動や学校祭などの要所要所には必ず顔を出した。誰よりも雄弁に論じ、誰よりも興味深い話題に豊富だった。誰もが嫌うような雑用をひきうけ、友情にあつかった。しかし、ある時その男はどの学部のどの学科の名簿のなかにも存在しない人物であることが判明したのである。われわれの誰もが日頃の彼のことを思い返し、誰もあえて何ともいえず、そのままの生活がいく日かつづいた。だが、いつしか彼が論じ活動しつづければつづけるほど、われわれは彼のその有弁と活発さをじっとみつめる視線に変わってしまっていたのである。われわれの視線が、ある凝結したまなざしに変わってしまったことを、誰よりも早く察したのはおそらく彼自身であったろう。いつの日かをくぎりとして、ぽっつりと彼の存在は消えて去った。それから再び二度と彼の姿をみたものはいない。おそらく彼はどこかほかの大学に移ったのかも知れない。しかし、幾度と大学を移り変わっても、彼の存在は決して学生証とは一致しないのだ。彼の有弁も彼の活発さも永遠の不在のままなのだ。われわれの誰もが、あるにがにがしさを感じたが、同時に彼に対して一時なりともいだいたわれわれの友情のことを思うと彼があわれで惨めに思えてならなかった。彼はおそらく学問への意欲と憧れをもつというより、学生という存在に到達し、その存在どうしの真実の交友に一体化したいという願望に燃えていたのだろう。しかし、彼の有弁も機智も、友情も、彼に正式の籍をもたらさない。彼の自由は演技のための自由であり、彼の演技も彼に存在を与ええなかった。

この籍のない自由な存在者、幼いサルトルは成人して知識人《インテリゲンチア》となる。この存在者は現存するブルジョア社会に属しながら、この社会の価値を認めない。対立する階級プロレタリアートの立場に立脚しようとするが、この階級の一体感になじめない。両方に属しつつ、そのどちらにも籍がない。この不可思議な形で自由な存在は、自分の存在から切りはなされている。彼が存在の籍を失った「私生児」であるということは、単に戸籍上の問題ではなく、半ブルジョアで半革命家であるという、この怪物の存在様式にかかわる問題なのである。

ここからサルトル哲学の最大の問題、自由と存在の不一致、意識は自分自身と一致しない（意識はそれがあらぬものであり、それがあるものではない）という問題とどう対決するかという課題が生まれるのである。意識はつねに自分自身の存在からずり落ちる。個人はまず自分自身の存在を確かめなければならない。このようにしてサルトルの哲学は、不断の自己分断としての自己の私生児性の条件を逃避せずにみつめることから始まるのである。さらにどうしたなら、自由を失わず自由を保ったままで、同時に自分自身の存在を獲得できるであろうか。サルトルの哲学は提起された二つの相、自由と存在、事実性（そこにあること）と超越性（何ものかであるため自分をつくる能力）との総合を獲得しようという、あまり成功の期待できないむなしい投企として結実するのである。

ユマニテをもつロマン＝ロラン

無神論的実存主義

サルトルの世代　ロマン＝ロランが迫りくるファシズムの脅威に抗して、「われわれは平和を望んでいる。平和は社会組織の変革なしには真実なものたりえず、また安定したものともなりえない。革命によって平和を得よう！」という感動的なアピールを発表したのは、一九三五年のことであった。事実、ヒトラーの軍隊がポーランド侵入を開始したのは、一九三九年九月一日であった。

ところで、わがサルトルが最初の文筆活動を始めたのは、だいたい一九三五年前後と考えてよい。そして間もなく第二次世界大戦にまきこまれるのである。サルトル自身自らを主として戦後の作家として位置づけているが、実際には戦前から書きはじめ、戦争体験によって、大きくその思想の変貌を経験する世代であると思う。サルトルが最初の小説『嘔吐』を完成したのは一九三六年であった。だから、正確にいうと、サルトルは戦前に成人した最後の世代であり、戦争と戦後を経験した最初の世代であったというべきであろう。

ではサルトルにとって「戦前」とはどんな世代であったのだろうか。サルトルは『文学とは何か』の最終章で、第二次大戦以前に書きはじめた世代を主としてシュルレアリズムで代表させている。もちろん、戦前作家＝サルトルとシュルレアリズムとを同一のものと考えることはできないが、確かにある共通性を認めることができる。サルトルによると、第一次大戦と第二次大戦との中間に位置するこの世代は、社会の秩序への反抗と否定の精神を基本とした。第一次大戦のもつ不条理を経験した彼らは、ブルジョア社会の功利主義の社会秩序に反抗するばかりでなく、ブルジョア的な自我、功利的な企画を行なう意識までも否定し破壊しようとした。シュルレアリストは、このようにして客観的秩序を破壊し、その秩序に依拠する意識をも破壊して、破壊された主観の奥に無意識の衝動を発見しようとした。

このシュルレアリストの主張は、通常普通の功利的なつながり、既成の習慣を拒否するばかりでなく、また通常普通のものの考え方、日常的意識のあり方をも否定するという二つの姿勢によってつらぬかれていた。確かに、この二つの姿勢においてサルトルと共通する傾向を感ずることができる。だが、サルトルとシュルレアリストとでは次の点でお互いが相違していた。シュルレアリストはただ否定するだけで、建設すべき積極的な提案を何一つもたなかった。主観と客観のどちらをも否定するが、その二つを交互に「混合」させるだけで、少しも「総合」させようとはしない。だから、シュルレアリストの否定は何も生まない。サルトルはシュルレアリズムを批評して、ただ「不可能」をもくろんだにすぎないといっている。彼らは「実現不可能な探求によってひきおこされる苛立《いらだ》ちと緊張」に酔っているのみなのである。

無償性

だから、戦前作家＝サルトルは、意外とシュルレアリストからは遠く、むしろ、第一次大戦以前の作家（象徴主義からジイドまで）に近いのである。シュルレアリストと一致しているのは、その破壊性の側面のみであって、積極面はむしろ第一次大戦前の作家に近い。サルトルは「象徴主義のあと二〇年間、芸術の絶対的無償性についての意識を作家は失ったことはなかった」という。つまり、第一次大戦前の作家の主要なテーマは「芸術の無償性」あるいは「無償の自由」（ジイド）であった。

わざわざ破壊するまでもなく、その出生において、通常普通のつながりを欠く「父なし子」として生まれたサルトルは、何のためでもなく、何の理由もなく身につきまとう「自由」とともに成長した。反面、一九世紀末の印象派の芸術家、象徴主義の詩人たちは、現存する社会秩序から逃亡し、自分の生存の安定を賭けてまでも、社会外の境地に自由自足の個人生活を築こうとした。発狂と頽廃のぎりぎりの境地に築かれた個人的自由は、自由であってもその自由に理由もなく、何のための自由なのか答えもない無償なるがままの自由であった。これらの芸術家たちは、ある者はタヒチ島に逃亡し、ある者はアフリカで客死し、ある者はアルコール中毒のまま売春婦の家でのたれ死をした。

ところで、この世紀末の詩人の伝統を受けついだこれにつづく世代、つまり第一次大戦前に書きはじめた

アンドレ＝ジイド

世代の特徴は、「その著述を売ったこととはまったく別なことから自己の財源の大部分をひきだしていた」点に求められる。「ジイドとモーリアックとは土地を持っているし、プルーストは金利生活者であったし、モーロワは実業家一族の出身である。デュアメルは医者であったし、ジュール＝ロメンは大学教授、クローデルとジロオドゥとは外交官職であった。」彼らは、日常生活ではりっぱにブルジョア的功利主義の世界で生活し、反面、芸術の世界では、この偉大なる余技のもつ芸術的無償性を十分に満喫していた。しかし、いずれにせよ、哲学的私生児という出生の宿命をもつサルトルと、発狂を賭けての自由を求めた印象派の詩人、金利生活等々の毎日の条件で無償の芸術性を追求する第一次大戦前の作家とでは、形はちがってもある共通なるもの、意味もなく目的もない自由を求めるその無償性において共に一致するところがあった。

このようにして、サルトルの文学的出発点はととのった。ありあまる自由をもち、何ものにも束縛されず、さりとて専心するべき何ものをももちえない、不安で倦怠《けんたい》にみちた存在。ロマン＝ロランがファシズムとの抗争を開始し、自分とマルクス主義との間で、格闘にみちた一五年間を経験していたと同じ時期に、サルトルは何のためでもない自由にうんざりしながら、無意味なるものの存在理由は何かと問うていたのである。しかし、ほんのまもなく、ファシズムの嵐はサルトルをとらえにくるのであり、個人の価値などひとたまりもなくなるような戦争がすぐ間近に迫っていたのである。その時、かがやかしい無償の自由は一変して苦渋となり、束縛ということの意味を腹いっぱいに味わうのである。もちろん、サルトルは、この迫りくる束縛の足音を無気味な予感として察知してはいた。短篇『壁』は、一九三七年に書かれ、このなかでサルトルはとらえられた者にもまだ自由はあるのか、極限の状況のなかでの人間の自由のあり方はどういうものかと自問するのである。

サルトルの文学的出発は不安にみちていた。まず意味もない偶然の存在という自らの存立自身が不安であった。次に不安の自由を満喫しつつも、いつ社会の圧力が侵入してくるかわからぬ、その侵入に自分はどう対処するべきか、その態度自身まだ何とも決まっていない。やがて来るであろう束縛（戦争）とまだ失われない自由との間で、いますぐ決める必要のない態度を保留したままで、依然として何となく自由であり、退屈でもあり不安でもある。あのかがやかしいジイド的な無償の自由も、いまはかなりその光を失って、ぐずぐず決めそうで決めず、自由でありつつ倦怠にみち、無償でありつづけながら危機感におびえる、無為不決断の自由に変わってしまった。ただし、ただ一つサルトルにはある強い態度が前提となっていた。自分の自由の状態をありのままにみつめ、その状況を明晰に意識し、意識の出発点となる確実なるものを探索しようという意志がそれである。近代の哲学は「われ考える、ゆえにわれあり」というデカルトの自我、思惟《しい》する主観という疑いえない確実なものの探索からはじまった。サルトルはこのフランス哲学の伝統を受けつぎつつも、さらにデカルト的自我自身をも批判吟味し、反省するという形でとらえられたデカルト的自我像より、もっと確実な存在として「非反省的意識」という原則を導き出すのである。サルトルの文学的出発点を一言にして表現するならば、明晰なる無償性と批評することができる。

金利生活者

サルトルの文学的処女作『嘔吐』は、主人公が自己の存在の無償性を自覚していく過程を本人の日記をつらねるという形で追いもとめたものである。

この主人公アントワンヌ＝ロカンタンは当年三〇歳、一万四千四百フランの年金を持ち、日々千二百フランの利息を受け、何の定職もなく、ただ毎日をド＝ロルボン氏という一八世紀の陰謀家の歴史研究に時間をすごしている。この若き金利生活者ロカンタンは、まったくそのまま、精神的自由の無償性と意識の明晰さをありあまるほど持ちながら、この過剰さになかばうんざりしていた若きサルトル自身の自我像なのである。ロカンタンは書いている。

「私は自由である。というのはもはやいかなる生きる理由も私には残っていない、私の模索した生きるための理由はすべて皆逃げ去った、そして他の理由をもはや想像することができない、ということである。私はまだかなり若いし、やりなおすに十分な力もある。けれども何をやりなおさなければならいのか。」

「私は退屈している、それだけのことだ。ときどき涙が頬を流れるほど、強いあくびがでる。それは非常に深い倦怠感である。」

ロカンタンは「ひとりであり自由である。けれどもこの自由はいささか死に似ている」と思う。この理由もない自由の過剰さはいささか死に似ているとしても、ロカンタンはこの自由をすてて定職をもち仕事に束縛されることを拒否する。

「私は何もしたくない。」

確かに毎日資本主義社会の職に追われ、他人に決められたスケジュール、決まったコースを走らなければならない職業人の生活はみじめなものである。もし、この功利主義の論理にかためられた生活に満足し、習慣は変わらないと信じ、自然は変わらないと思いこみ、事務所での立身だけをねがう人種がいたとするなら、彼らは確かに「ろくでなし」にほかならない。しかし、資本主義的職業の「ろくでない」性格を十分知りつつも、働かずして生計をたてることのできない人々の存在をどう考えるべきか。ところが、金利生活者ロカンタンにとって、働く者の生活は「活栓《コック》のなかを流れる飼い馴らされた水、スイッチを押すと電球から迸《ほとばし》りでる光」のように「一日百ぺんもきまった不動の法則に従っている」存在のようにしかみえなかった。ある日、ロカンタンは丘の頂から自分の住む商業都市を見下し「いかに私は彼らから遠いか」と感ずるのである。

ロカンタンにとって、日常の仕事の世界は何ら価値のない事物の世界としかみえない。無価値、つまり人間主体の自由に関係のない（とロカンタンには思われた）事物どうしの功利的・道具的関係が日常の生活をおおっている。日常われわれは、事物のほんとうの存在は何であるかを考えず、ただそれが何かの役に立つかどうか、その事物の用途、その事物の有効性だけを考える。

「事物を眺《なが》めていたときでさえ、それが存在しているということを考えるにいたらなかった。」

ロカンタンにとって「事物は装置のようにみえた。事物を手にとるとそれは道具の役目を果たした。」事物の世界をすべてこのような道具的手段関係と思いこんでしまったロカンタンは、もはや事物の世界の合理的関係の価値を信じないのである。ロカンタンはこの功利主義を嫌うあまり、事物の世界の慣習から自由になり、無為無償の生活のなかにとじこもろうとするのである。

ルイ＝アラゴン

ここに「金利生活者」ロカンタンの実態がある。彼の無償性をささえるものは日々支払われる金利にほかならない。「金利生活者」といえば、アラゴンの描いた『オーレリアン』も主人公を同じ条件のもとに設定している。「若干の金利」が手に入る間中、オーレリアンは、自由にみちた「悪魔の美しさ」を誇ることができた。だが、事情が変わって金利が入らなくなると「若干の年金と無為のうえにやっと身をささえていた自由」も手もとから去っていく。彼は仕事を求め「階級の賭《かけ》」のなかに身をひたさなければならなくなる。しかし、仕事のなかに自由を、仕事のなかに活力を見出す習慣を見失って久しいオーレリアンは、かつて自分がもっていた「悪魔の美しさ」をもはや再現することはできなかった。かつて自分がはなばなしく主役を演ずることができた恋愛にも失敗し、「生活における失格が恋愛においても失格者にした」という反省に迫られるのである。つまり、年金に保証された魅力は、魔法の魅力にほかならない。生活における創造、仕事のなかでの自由が確立しないかぎり、永続する魅力は得られない。そういえば、夏目漱石の文学の世界にも金利や遺産・仕送りで生きる人物がたくさん登場する。『それから』の代助も『こころ』の先生もそうである。学生「三四郎」も、のんびりとした青春を送る無為の魅力にみちている。反面、生活苦や職業と苦闘する『門』の宗助、『行人』の一郎、『道草』の健三。職業と趣味は両立しがたいと説く漱石には、無為無職の人間のもつ魅力と生活人がもつ魅力との間で考えることが多くあったのである。

嘔　吐

「何かが私のうちに起こった」、と小説『嘔吐』ははじまる。「変わったのは私だろうか」、それとも、変わったのは「この部屋、この街、この自然」なのだろうか？　いや、「変わったのは自分だ」と彼は思う。世のなかでは「変わったことは何もない」と主人公はつづける。この主人公には迫りくる戦争の不安もなく、国際情勢の変化も目に入らない。世のなかでは変わったことは何一つ起こらない、変わったのはただ私だけだ。そして、この変化は、何か「病気のような具合にやってきた」……。

世のなかは何も変わらないのに、私が変わる、私の意識が変わる、徐々に少しずつ……すると、意識の変化につれて世のなかの相貌も少しずつぬるぬると変わって行く。たとえば手もとにあるコップを眺めてみたまえ。水をのむ道具として何年も別に気にもとめずに使っていたコップ。しかし、ロカンタンの意識が「病気のように」変わって行くと、全体が水の底へ徐々に落ちて行くように感ずる。三〇分もコップを眺めるロカンタンの眼は「魚のような眼」に変わって行く。果たして、この透《す》き通った物体は何か、意味もない凹《おう》凸《とつ》、表面の泥、反射する光と影、ぼやっとした内部……この客体《オブジェ》は何か？　サルトルは一九三三年にベルリンに行き、そこでフッサールの哲学を研究する。フッサールの哲学は「現象学」ともいわれ、その基本的命題として、「意識とは何ものかの意識である」という意識の構造を土台としていた。あるいは、「意識は何ものかを志向する」といってもよい。フッサールによると、意識とはけっして、それ自身で有るものではなく、何らかの対象を求め志向し、何ものかに向かいあうということなしには存在しえないものなのである。意識とはそれの本性からして対象を志向するものである、というのが「現象学」の基本命題であった。ロカンタンの意識は、今、三〇分も前からコップを志向していたのである。

だが、もし事物が意識の志向対象であるなら、事物は意識が志向する限りでしか現われない。事物とは意識の現象なのである。だから、もし意識のあり方、意識の性質が変わって行けば事物の相貌も変化するに違いない。われわれは、日常、「コップとは水をのむ道具なり」として、コップの姿や形や存在に気をむけない。しかし、一度、水をのむという日常の必要からはなれてコップ自体をみつめた時、つまり、コップを志向する日常の姿勢を変えた時、「コップ」と通常呼ばれる物体も実に不思議な形をしていることに気がつくであろう。「奇妙なことだ」とロカンタンはつづける。さっき「変わったことは何もない」と書いたはずなのに、何か世のなかの相貌は変化しているではないか。きっと、先に『変わったことは何もない』と書いたのは、私の意識が十分に明瞭でなかったからだ」とロカンタンは反省する。もし、自分の意識が明瞭な状態へと変われば、それにつれて世のなかの相貌も変わるだろう。事実、今ロカンタンの手もとで世の物体の相貌が変わったのである。いままでの物体が、何か無気味な顔に変わった。この相貌の変化に立ち会って、ロカンタンは、ふと、得体の知れない「甘ったるい嘔気《はきけ》のようなもの」を感ずるのである。ロカンタンは、この体験を淡い回想にゆだねて、考える……いつか、これと同じ経験をしたことがある……海辺だ。自分は手に石をにぎっていた。その小石をにぎり、これをみつめ……同じような嘔気が、確かに「手の中の小石から起こった」……確かにそうだ、「手のなかにあった嘔気が」……。

ところが、ある日、もっともっとはっきりとした形で、ある一つの啓示のような体験がロカンタンにやってきた。公園である。マロニエの樹の根が節くれ立って浮き出ているさまを眺めていたロカンタンは、ふとある啓示におそわれ、はっきりと「存在」を見るのである。はじめ「それが根であるということが思いだせなかった。ことばは消え失せ、ことばとともに事物の意味もその使用法も、また事物の上に人間が記した符号もみな消え去った。」たった一人でロカンタンは「黒い節くれ立った、生地《きじ》そのままの塊りと向かい合う」のである。ふだん、日常の意識にとって事物は、それぞれの名をもった道具として、世のなかは、これら事物の有効な装置の関係としか映じないが、いまのロカンタンの意識には、事物は「怪物じみた柔らかい無秩序の塊、怖《おそろ》しい淫猥《いんわい》な裸形の塊」の姿をとった「存在」そのものとして現われたのである。「ふだん、存在は隠れている。」その「存在」が現われ、ロカンタンと対面するのである。その時、ロカンタンは「嘔吐」を感じたのである。

「嘔吐」とは意識が「存在」それ自体と対面した時の反応であったのである。「嘔吐」とは、意識にとって「存在」自体が現われ出た時の体験なのである。だから、それは「存在」自体の出現であるばかりでなく、「存在」の出現を向かえるある意識の状態の出現でもなければならない。「存在」の出現は、また、同時に、ある特定の「意識」の出現であったのである。なぜなら、現象学にとって、「意識とは何ものかの意識」であらねばならないから、「存在」があるかぎり、「存在」を志向する意識もまたあり、逆に意識の志向対象として以外「存在」はありえないのである。「嘔吐」とは「存在の出現」と「存在を志向する意識の出現」との二つの重なり合った体験なのである。

「私はマロニエの根だった。というより、根の存在の意識そのものだった。」

意識の超越的志向対象

「カフェのボーイの青い木綿のシャツもまた嘔気を催させる。あるいは、むしろ、そのシャツ自身が嘔気なのである。嘔気は私の内部にはない。私はあそこに、壁の上やズボン吊《つ》りに、私の周囲のいたるところに嘔気を感ずる。嘔気はカフェと一身同体である。そのなかにいるのが私である……。」

「存在」は意識の対象として現われた。現象学にあって、「存在」は意識の志向対象なのであるから、意識なしには対象は存在しない。けれども、サルトルにとって、この「志向対象」自体は、決して意識の内部に実在するものであってはならない。「存在」は意識にとって実在するものではあるが、あくまでも「意識でないもの」として実在するのである。サルトルにとって、「存在」とは、意識の外にあるものでなければならず、意識があるからこそかえって「意識でないもの」がはっきりしてくるのである。このように、意識の志向対象でありながら、同時に「意識でないもの」、意識を超越して実在するもの、自己の外に存在するもの、意識がそれに向かって炸裂《さくれつ》するもの、一言でいえば意識の超越的志向対象が「存在」なのである。意識は自己外存在たる対象に向かっている。自己の外のもののもとに自分がある、むしろ外のものに向かって一身同体であり、外のもののなかに意識がある……。

現象学と唯物論

現象学の哲学によれば、対象的存在とはわれわれの意識の対象であり、意識が志向する何ものかがそれにあたる。したがって、意識がなければ対象的存在は実在しないことになる。また、意識のあり方が変われればその対象も変化するという意味で、対象は意識の外にある超越的な志向対象であるといっても、あくまでも意識との関係の枠のなかにしか実在しないものなのである。ところが、唯物論の立場では、物質とはわれわれの意識から独立した客観的実在であると考える。唯物論の立場では、対象的事物はそれが存在するのに意識の助けを必要としないと考える。ただその存在を認識するためにのみ意識を必要とするにすぎない。ところが現象学では、事物を認識するために意識を必要とするばかりではなく、その事物が存在するためにも意識を必要とする。サルトルの「存在」も、意識があってはじめて「意識でないもの」として出現することができたのである。「存在」が意識の外部にある、自己外存在であると考えるかぎり、サルトルは実在論の立場に似ているように思われるが、意識があってはじめて「意識でないもの」も開示されうると考えるかぎり観念論の立場によっている。

唯物論が主張するように、存在がわれわれの意識から独立して実在するものであるなら、われわれの意識はこの存在をさまざまの社会的実践とか科学的実験を通じて、われわれの意識的把握がその実在に一致しているか否か、何度も検証し確かめながら把握することができる。ところが、サルトル＝現象学のように、存在がわれわれの意識にとっての対象であるとするかぎり、対象のほんとうの存在をとらえようとする際、対象自身の客観性にたよることができにくくなる。そこで、意識のほうがまず純粋な状態に到達することが必要である。この意識の純粋状態から志向された対象こそが「存在」なのだ、という主張が現われてくる。フッサールの現象学では、日常的な意識の状態を「カッコ」に入れ、これをないものとしてとりのぞき、「本質直観」を浮び出させようとする。サルトルの現象学では、日常不純な意識を浄化して「浄化された反省」という状態を導き出し、ここから再出発して存在を見つめる必要があると主張される。

フッサール

フッサールとサルトル　サルトルの現象学はずいぶんとフッサールの考えに負うているところが多いが、サルトルの思想はまったくフッサールと同じものにとどまることはできなかった。意識の純粋状態から対象を志向するという基本的姿勢では共通の傾向をもっていたが、次の点でサルトルはフッサールとは異なっていた。フッサールにとって、志向対象は意識によって把握されたものとなるかぎり、意識の内容となり、意識の内部に存在するもの、意識に内在するものとなる。

ところが、サルトルはこの考えに反対であって、対象はたとえ意識によって志向されたものであろうとも、それ自体はあくまでも意識の外にあるものなのだと考える。サルトルは対象の存在に関して意識内在説に反対する。フッサールのように、対象は意識に内在するものであるなら、対象は意識によって意識化されるだろう。意識の純粋状態が「本質直観」の立場であるとするなら、対象はこの意識によって本質性に変えられるにいたるであろう。意識によって変化させられた対象は意識の奴隷であって、対象それ自体ではない。意識が本質とは何かを勝手に決め、それに合わせて対象の本質が決定づけられるとするなら、対象は、自分で自分の本質を決定する機会を失ってしまう。サルトルは、むしろ、対象とは意識の外にあるものなのだから、意識からはみでたよけいなものなのだ、したがって、何ら意識の本質に規定されない偶然・無償なものなのだと考える。サルトルは他人が勝手にこれが本質だと決めたものに従うといった本質主義に反発する。誰が決めたか（神か他人か）どうかもさることながら、一般に本質がまずあって、これに合わせて生き方を考えるという本質主義そのものをサルトルはしりぞける。

存在の偶然性

身動きもせず凍りついたような法悦に酔いながら、ロカンタンは「嘔気を理解し、それに精通」するのである。その嘔気とは意識で把握しきれず、意識の外にとどまる「よけいなもの」との出会いのことなのであり、さらにこの出会いを明確に意識し、明晰《めいせき》に体験することなのである。

「肝要なことは、存在は偶然であるということである。存在とは必然ではないということである。「偶然とは消去しうる見せかけや仮象ではない。それは絶対なものであり、それゆえに完全に無償である……。」

マロニエの木の根はわれわれの意識の外にあり、意識による合理化の手のとどかない彼方に、何の理由もなくそれ自身において有る。マロニエの根はわれわれの意識にとって、まったく「よけいなもの」なのだ。マロニエの根は何ら必然的な存在法則にもとづいて存在するのではなく、まったく無意味のまま偶然であり無償である。

しかし、反面、このマロニエの根を志向する意識自体はどうなのだろうか。ロカンタンはマロニエの根の意識そのものである。存在はわれわれの意識の外にある、ということは、どんなに熱心に存在を志向しようと、われわれの意識もまた存在の外にあり、存在を喪失《そうしつ》し、存在から放逐されて、無意味に、無償に、同じく「よけいなもの」として実存しているということにほかならない。このようにして、意識が存在を志向しつづけるかぎり、無意味で偶然なものにとらわれつづけることになるのである。ひたすらに対象を志向しつづけた意識が、対象の存在それ自体、つまり外皮の合理性の奥にのぞむ偶然性・無償性につきあたった時感じたものが嘔気《はきけ》であったのである。嘔気とは存在の偶然性の開示なのである。

実存は本質に先立つ

人間は偶然そのものである存在と出会い、人間はひたすらこの偶然を志向する意識そのものとしてあり、したがって人間もまた偶然で無償のものとなる……「すべてが無償である。この公園も、この街も、そして私自身も。」ここにわれわれは変貌《へんぼう》するサルトルの第一の原型を認めることができる。ここでは、意識はひたすら存在を志向し、いまだ存在を否定したり無化したりしようとはしていない。したがって、意識は自分自身に責任をもつ必要もなく、自分自身に意味を与える必要もない。存在も自分もすべてが無意味で無償である。

「存在は必然でなく偶然である。」「存在するとはただ単にそこにあるということである。存在するものが現われ、出会うままになる。しかし、決して存在するものを演繹《えんえき》することはできない。」このロカンタンの体験は何を意味するのであろうか。このことは、存在には原因と結果の因果関係はなく、存在はその時その時、相互に関係もなく「ただある」ということである。何かの原因で何かに向かって、あるいは何かのために存在するのではなく、原因もなく同時に目的もない。変化もなく運動もない。事物の現在の姿を何か過去の原因から説明することもできず、また、この事物は何かの目的に向かって存在すると説明することもできない。その人の現在の姿を過去の経歴や行動の結果として説明することはできず、将来何をめざし、何かになる人物として評価することもできない。人間は、その時その時、過去や未来との因果関係や目的意識から切りはなされて、そこに「ただある」だけであり、われわれはこれにただ「出会う」ままになるだけである。このサルトルの考えは、存在を必然関係としてとらえ、これに法則を認めて、その法則を認識しようとする科学をいっさい認めないこととなる。だから、事物の存在を何か他の存在から「演繹」して説明することはできない。

サルトルは、このロカンタンの体験をいっそうはっきりした形で「実存は本質に先立つ」と表現した(『実存主義はヒューマニズムである』一九四五年)。人間はすでにある概念や本質に従ってつくりだされたものであってはならない。ところがペーパーナイフをつくる時、職人はペーパーナイフの本質を頭のなかにえがいたうえで、この企画に従って製品をつくる。この場合、ペーパーナイフの本質が、それの実存に先立っていたといえる。もし、われわれ人間存在は神によって創造されたものであるとするなら、すぐれた職人である神が、人間の本質を頭にえがきながら、その本質に従って人間を存在させたのである。

「つまり、人間という概念は、神の頭のなかでは、製造者の頭にあるペーパーナイフの概念と同一に考えてよい。神は職人が一つの定義、一つの技術に従ってペーパーナイフを製造するのとまったく同じように、さまざまの技術と一つの概念とに従って人間をつくるのである。」

無神論の立場だからといって、この本質主義がなくなったわけではない。人間をその人間性という本質から規定してかかって、「人間性、すなわち人間なるものの概念」から出発して個々の人間を規定する傾向は、依然として、本質が実存に先立つという思想によっている。サルトルは、いっさいの神による創造を認めぬ無神論の立場に立つばかりでなく、人間をその本質性から説明する思想のすべてに対して反対の立場をとるのである。

サルトルは自分がめざす立場を「神が存在しなくても、実存が本質に先立つところの存在、何らかの概念によって定義されうる以前に実在している存在」に根拠を求める「無神論的実存主義」であると宣言する。「実存が本質に先立つ」とはどういうことなのか。それは、「人間はまず先に実存し、世界内で出会われ、世界内に不意に姿をあらわし、そのあとで定義されるものだということを意味する」のである。ロカンタンは、不意に姿をあらわし、マロニエの根の存在と「出会い」、いまだ、何ら定義されぬ無気味で無意味な存在として「そこにある。」「人間は最初は何ものでもない」のであり、「後になってはじめて人間になる」のである。「人間の本性は存在しない。その本性を考える神は存在しない。」

サルトルは、これにつづけて、「人間はみずからつくったところのものとなる」のだと主張する。このサルトルの命題は、サルトルの自由観とものちほど関連してくる重要なテーマなのである。人間は最初は「何者

「でもない」無償の存在なのである。次に、人間は自分の意志で、「みずから望むところのもの」を選び、そのものへと自分をつくって行くのである。

ドストエフスキーは、「もし神が存在しないとしたら、すべてが許されるだろう」といった。もし神が存在するならば、人間は神意に従ってしか生きることができない。しかし、もし神が存在しないならば、すべてが許される。人間は、勝手に生き方を選ぶことができる。もし神がなく「実存が本質に先立つものとすれば、ある与えられ固定された人間性をたよりに説明することは決してできない。いいかえれば決定論は存在しない。人間は自由である。」「もし神が存在しないとすれば、われわれは自分の行ないを正当化する価値や命令を眼前に見出すことはできない。われわれは、われわれの背後にもまた前方にも、明白な価値の領域に、正当化のための理由も逃口上《にげこうじょう》も持っていない。われわれは逃口上もなく孤独である。人間は自由の刑に処せられている。人間は何の拠《よ》りどころもなく、何の助けもなく刻々に人間をつくり出すという刑罰に処せられている。人間は人間の未来である。」

『嘔吐』の位置

ところで、『嘔吐』の主人公ロカンタンは、何を望んでいるだろうか。ロカンタンはいまだ「何ものかになろう」と何ら希望していない。「やりなおすに十分な力がありながら、何をやりなおさなければならないのか」わからないままに、ただ「私は自由である」という心境のなかにとどまっている。ロカンタンは、いまだ「何ものでもない」のである。いまだ「選択の自由」の段階に達せず、「最初は何ものでもない」という無償性の自由の段階にとどまっている。ロカンタンは無償性に生きる人物の典型である。ロカンタンは何ものにも束縛されていないが、反面、いまだ何ものをも決断していない。

意識の明晰さ

無為無償の生活に生きていたロカンタンにも、ただ一つだけ積極的な要求があった。それは、自分の意識の異常なほどの明晰性を獲得したいという激しい要求であった。

「ある瞬間に、私の生活が稀有《けう》な貴重な特性をもつことができたら、と想像した。それは異常な環境を求めることではなかった。私はほんの少しだけ厳密さを要求したのである。」

あの『嘔吐』の体験、それは「即自存在」との出会いであった。が、同時に、それは存在との出会いの意識の出現でもあった。その意識とは？　それは「私

の意識」と呼んでよいものなのだろうか。あるいは「自我」、「自己意識」などと呼ばれているものなのだろうか。

サルトルは、デカルト以来、「われ考える、ゆえにわれあり」といいならわされてきたこの「われ」なる原理に根本的批判を加える。近代の哲学は、最も確実なものの出発点として「われ」、「自我」等々といいならわされた原理を立てた。しかし、「自我」という形で把握された意識のあり方が最も明晰なものといいうるであろうか。サルトルによると、「自我」は、決して最も純粋で浄化された意識のあり方ではありえず、意識の一定の態度によって形成された「反省作用」の産物なのである。サルトルによると、「自我」という形で、何か不動の実体のように固定化された存在は、実は、意識が自分自身を反省し、自分で自分をみつめた時に現われてくる「対象物」なのである。「自我」とは、反省する意識にとらえられた、反省された対象物であるにすぎない。「自我」といえば、最も主体的な意識のあり方をさしているように思われるが、サルトルは、意識を「自我」という形に固定的にとらえてしまえば、むしろ「意識の死」に等しくなってしまうと考えるのである。眺められ反省の対象にされてしまった意識は、むしろ事物に等しい。

では、意識の本来的な状態とはどういうものか、サルトルはどのように考えるのであろうか。サルトルは、意識は最も明晰な状態では、何の反省も自意識もなく、ひたすら対象的存在を追いもとめるものだという。乗ろうと思って電車を追っている人間の意識は、ひたすら電車を志向している。ここには、電車を追う意識があるだけで、電車を追っている「わたし」の意識はない。ひたすら読書にふけっている時には、意識は書物のうえにのみそそがれている。ところが、電車を追っているわたしはどんなカッコウだろう、カッコよく電車を追っていたかどうか、あるいは、本を読んでいるわたしはどんな姿だろうかとか、自分の意識を他人の目で反省しはじめる時、「電車を追うわたし」、「本を読むわたし」等々の「自我」なる現象が現われてくるのである。「電車を追う意識」の意識、これが自我である。

したがって、「自我」は反省の産物であり、最も根本的な意識は非反省的で、いまだ「わたし」の意識のない非人称的な、対象志向性の状態にあるものなのである。「嘔吐」の体験とは、この純粋な志向性の体験であったのである。

「わたしはマロニエの樹の根で『あった』。むしろ、わたしは根の存在の意識そのものだった。」

ロカンタンはいう。

「いま、わたしが『わたし』というときそれはうつろであるように思われる。わたしの裡《うち》にあって依然現実感をもっているもの、それは存在することを意識する存在である。……意識のなかにはもはや何人も宿っていない。匿名《とくめい》の意識である。ここにあるのは非人称の透明だけだ。」

それは「自己を見失う意識であろうとする意識だから」、かえって本来の主体性を失わずに保つことができ、「絶対に自己を見失うことがない」存在である。

完璧な瞬間

ところが、世人はほんとうの明晰な意識のあり方を尊重せず、むしろ、反省された自我の「カッコよさ」を求める。なぜなら、自分の目にとって「カッコ」よい状態は、同時に世間の人の目にも「カッコ」よくうつるであろうからである。その結果、世人は自分の目に映ずる、最も「カッコよい」自我劇を演ずるようになる。自分を観客とし、自分を主役に仕立てた、この孤独な自我劇で演じられるものは、こうあってほしいとのぞむ完璧な自我像なのである。それは、すでに現実のわたしではない。仮空の演技であり、仮空のわたしなのである。

小説『嘔吐』に登場してくる女主人公アニイは、自分を観客にした完璧な自我劇の主人公になろうという異常なる要求をもった人物である。自分を完璧な「自我」に仕立てあげる状態のことを名づけて、アニイは「完璧な瞬間」と呼んだ。人生は彼女の生命のためにあるのではなく、彼女の演ずる「完璧な瞬間」のためにあるのである。アニイにとって、自我劇がある完璧な状態に達するためには、ある「特権状態」が必要である。たとえば、やるべき仕種《しぐさ》が儀式化され、つねに万人のまなざしの前で生活する王様は特権状態にいつも置かれている。あるいは、臨終《りんじゅう》の場面など死という状況で人間が演ずべきさまざまの演技が可能である。生きているうちに臨終の際残すべき名文句をあれこれと考えているような人物は、自分の死をある完璧な「カッコよさ」のなかで飾ろうと、自分の死にねらいをつけているのだ。「喜劇は終わった、拍手せよ」（ベートーベン）とか、「もっと光を」（ゲーテ）とか、カッコよい名言を研究して、自分の死の仕種を完璧にかざろうと考える人間にとって、自分の肉親の死も自分の名演技の舞台であるにすぎない。アニイの父が死んだ時、アニイは死が特権状態をつくってくれるだろうと考えるのである。

「父が死んだとき、最後に父の顔を見るためにあたしはその部屋に連れられて行った。階段を昇《のぼ》って行くときの気持はみじめだった。でもまた法悦とでもいいたいものに酔っているようだったわ。あたしはついに特権的状態のなかに足を踏み入れた。あたしは壁によりかかり、しなければならなかった動作をしようと試みたの。ところが叔母と母がベッドの縁にひざまずいていて、その啜《すす》り泣きですべてを台なしにしてしまったのよ。」

「完璧な瞬間」の成立のためには、「成さねばならぬある特定の行為、執《と》らねばならぬ態度、言わねばならぬことばがある。そして他の態度、他のことばというものは厳しく禁じられている」のである。この特定の仕種がちょっとでもくずれると、もう理想的な自我劇は成立せず、「すべてが台なし」になってしまうのである。この自己反省の前に立たされた、つくられた対象、事物の完璧さに等しくされた自我、これは「一種の芸術作品」であったのである。

アニイにとって人生は、このつくられた人工的な自我像のための「材料」であるにすぎなくなってしまった。サルトルは、この反省する意識の前で演じられた自我、まなざしの対象にすぎなくなってしまった自我は、たとえすきまなく完璧な舞台装置にかざられたものであっても、すでに本来の自分を失った、つくられた虚偽の自分であるにすぎないと考えるのである。何年かぶりでアニイと再会したロカンタンは、アニイもこの虚偽に気がつき、「完璧な演技」にあきてしまっていることを発見する。けれども、アニイは自分の行為の虚偽性には気づいたが、さりとていまだ意識の本来的あり方を発見できたわけではない。どっちつかずに、「毎日を生きのびている」のである。ところが、ロカンタンには『嘔吐』の体験があった。ここでロカンタンは意識の純粋な志向性を発見していた。反省するものと反省されるものという意識の二重化された分裂、「自我」という固定化された実体から逃れ、この不毛な状態を浄化して、意識の純粋で、最も明晰なる状態をさがしあてていた。ロカンタンにとって、長かった「孤独な自我劇」も終わりに近づいたようである。そして、明日パリへ帰ろうと決心するのである。

想像力

明晰な意識をいだくロカンタンは、その明晰さのすべてをつくして、いったい何を意識したのか？　偶然で無意味な存在を、である。では、われわれは生存に意味を与えることはできないのだろうか。

ロカンタンはパリへたつ前日、行きなれたバーで、「あなたの好きなレコード、最後に一度お聞きになる？」というすすめにのって、鋼鉄の針が回転盤の上に走るにまかせるのである。ロカンタンはレコードの発するしわがれた声を聞きながら、考えはじめる……。この声は何者だろう。この声の存在はレコード盤と鋼鉄の針の背後にある。この声が演ずる「苦しみ」は、酒場やレコードなどの存在の背後にある、捕えようとしても捕えがたい「絶対に近よれない別世界」から軽やかにやってくるように思われる。この存在の世界から区別された非現実の世界とは何だろう。

「もういっぺんレコードをかけてくれないか。行く前にもう一度だけ」……再びロカンタンは考えをつづける。自分は存在するものを捕えようとしたが、むだだったのではないか。「存在するものは他の存在を絶対に正当化できない」、自分はド＝ロルボン氏なる存在した人物をよみがえらせようという無益な努力を繰り返してしまった。必要なことは、「存在しないであろう何か、存在のうえにある何かを人が見抜かなければならないようなもの」、要するに非存在のもの、存在でないものを把握することではないか。むしろ、非存在によって、存在を超越するものによって、逆に存在に意味を与えることができるのではないか。「たとえば一篇の物語、起こりえないような一篇の冒険」。この存在に反逆する芸術創造や冒険が、かえって逆に存在は冒険のためにあり、芸術創造のためにあるというように一定の意味づけをしてくれる。必要なことは、非存在にむかってわれわれの意識を賭けることだ……。

ロカンタンの、そしてサルトルの最初の変貌が始まった……。サルトルは、存在を超越し、それゆえに存在に意味を与える人間の能力を「想像力」と呼んだ。芸術とは、この想像力の現われにほかならず、芸術が存在を、レコードの声が「その人を正当化することができる」のである。ロカンタンは思った……。

「私に試みることはできないであろうか。楽曲でなくてもよい……。他のジャンルの芸術で……私のできることといえば、本だ。一冊の書物。一篇の小説。鋼鉄のように美しく固く、人々をして彼らの存在について恥じいらせるような一篇の小説。もちろん、それは退屈な疲れる仕事でしかないだろう。しかし本を書きあげ、それが私の背後に残るときがきっと来るだろう。その本のわずかな明るさが私の過去のうえに落ちるであろう。そのとき、その本を通じて私は自分の生活を何の嫌悪《けんお》もなく思いだすことができるかも知れない。そして次のように独語《ひとりごと》するであろう。すべてが始まったのは、あの日のあの時からだ、と。そして私は過去の自分を許し受け入れるかも知れない。」

このようにして、サルトルの処女作、ロカンタンの物語、鋼鉄のように美しく固い一篇の小説『嘔吐』は終わった。一方では意識はひたすらに存在に向かい、他方ではその存在を否定し、これを超越しようとする。サルトルの自由の哲学は、徐々に、存在空無化をねらう想像力の哲学へと変貌していく。サルトルは人間の意識が存在を否定し、自分自身の意識的プランを存在の背後に想像力の力でもって描く、その能動的力に意義を認めようとする。ロカンタンの芸術への反応はその端緒にほかならない。だが、存在を空無化するという形のプランニングは、それ自身どんな内容をもつことができるのだろうか。また、存在の内容を反映するというリアリズムの立場の芸術観に正面から反抗する、サルトルの反存在の想像力による芸術創造の理論は、果たして実り豊かな芸術論となることができるであろうか。

保留された自由

即自存在と対自存在

意識の二重性　意識は、はじめただひたすらに存在を志向する非反省的意識であった。「意識はまず、その全き無償性において自己を把握する。そこには理由はなく、目的もない。それは創造されもせず、理由づけられもしない。それはすでに存在しているということの単なる事実以外には、存在のいかなる資格をももっていない。」この非反省的意識が志向する対象として把握したものをサルトルは「即自存在」とよんでいる。

ところが、意識はいつまでも「即自存在」を志向するのみではない。意識にはもう一つの態度が可能であった。ロカンタンの想像力はその現われの端緒《たんちょ》にほかならなかった。もう一つの態度とは、意識が存在を否定する態度のことである。「即自存在」は、「意識でないもの」としての超越的対象であったが、意識もまた逆に、「存在でないもの」として、存在を否定し、空無化して、自らの能動性を発揮することができる。「即自存在」が、そこにあるものとしての存在自体であるとすると、意識はその存在を否定し「無を事物に来たらしめるような存在」となることができる。意識とはつねに自分の存在から自分を切りはなし、「あるところのものではない」という可能性に生きる存在である。この意識のあり方のことをサルトルは「対自存在」と名づけるのである。「対自存在」とは、「自己を存在の外に置く」存在のことなのである。このようにして、意識には二重の相があることがわかった。一方では、意識は単に無償なる存在への志向性とこの志向する意識自体の明晰《めいせき》なる自覚がすべてであった。しかし、他方こんどは、意識は存在に対抗し、存在を否定し、存在に意味を与える主体となることができたのである。

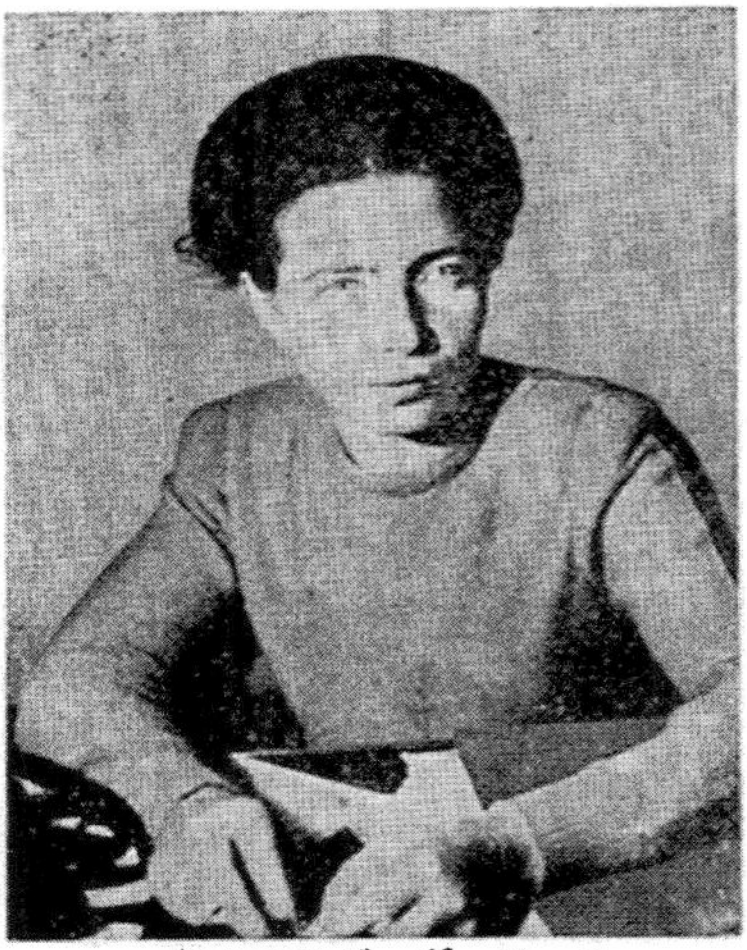
若き日のボーヴォワール

サルトルは一九三七年『自我の超越』と題する論文を発表しているが、ここでは、もっぱら対象を志向する非反省的意識の説明が中心をなしていた。ところが、これと時を同じくして、存在を空無化する意識の能力としての想像力についての研究をも併行してすすめていたのであり、すでに一九三六年に『想像力』と題する論文を発表していたのである。この存在志向的意識と存在空無化的意識の二つの側面は、大著『存在と無』においてはじめて統合され、「即自存在」と「対自存在」という形で定式化されるのである。(「即自存在」はそれ自体で存在するものではあるが、あくまでも意識の志向対象である。)

対自の事実性　人間の意識は自分の外に存在する「即自存在」にとりまかれて存在する。「即自存在」は意識を超越した存在であるから、意識はこれをとりのぞくことも、別のものととりかえることも、さけて逃れることもできない。自分の意図通りに「即自存在」を入れ換えることができないという意味で、意識の存在は偶然にとりまかれている。

ところが、「対自存在」とは、この存在を否定し拒否して、存在性を喪失させて自分を空無化させても、あえて自分を根拠づけ意味づけようとする試みにほかならない。対自は「自己を意識として根拠づけるために、即自としての自己を失う」存在なのである。

とはいっても、意識は自分を空無化させ、自分に意味を与えながら、反面、意識として存在しなければならない。だから、意識は自分の存在を拒否しつつ、反面存在しつづけなければならないという矛盾した二重性に生きているのである。対自は存在の偶然を同化させるがさりとて、これをすべてとりのぞきさることはできない。「即自は、やはり、対自のふところに、その根原的な偶然性としてとどまっている。」「即自のたえずうすめられてゆく偶然性は、対自につきまとう。」このような偶然性のことをサルトルは「対自の事実性」と名づけた。

超越と自由

人間は即自と対自という二重性にとらえられている。人間はどちらを選ぶことも可能である。ロカンタンのように即自の無償性にとらえられたまま、無為無策の自由に生きることもできる。しかし、反面、人間は即自存在の偶然性に挑戦し、この偶然に対して人間の責任を対置し、自分で意味をつくり、自分で立法し、自分で自分をつくっていくことも可能である。われわれは選ばなければならない。

サルトルは、いよいよ即自と一体化した無償なる自由から決別し、自己を即自存在から解放する必要に迫られるのである。「人間は絶えず自分自身の外にあり、人間が人間を存在せしめるのは、自分自身を投企し、自分を自分の外に失うことによってである。」人間は即自と一体化し、自分自身の存在のうちにあるかぎり、世界に意味も責任も生じない。この自分の存在性を失い、自分を超越して、自分を空無化して価値をもたらすこと、これが自由であるとサルトルは考える。また、この努力も「対自の事実性」にとりまかれている以上「絶えず」繰り返される不断の投企でなければならない。

「人間が存在しうるのは超越的目的を追求することによってである。人間はこののりこえであり、こののりこえに関連してのみ対象を促えるのであるから、こののりこえの真中《まんなか》、核心にある。」サルトルによると、対象界は確かに存在はしているが、それ自体では何も意味をもたない。人間の選択、この対象に対する人間の一定の意図による対処関係が生じてはじめて対象にも意味が生ずる。たとえばここに山がある。山はそれ自身では何の意味もない。これを登山という意図からながめるとき、同じ山も一つの登りやすい山、登るに適した山、登って楽しい山等々の意味をもつ。これを山林業者の投企の対象とすると、もうかる山、もうからない山などの価値をもつ。人間が一定の意図をもって対象にいどみ、この対象を意図に従わせるもくろみがあってはじめて、対象にも一つの方向なり価値なり意味なりが生ずる。サルトルは存在の価値を認めない。

「人間的世界、人間的主体性の世界以外に世界はない。」……われわれは人間に対して、「彼自身のほかに立法者のないこと、人間が彼自身を決定するのは孤独のなかにおいてであること」を想起する。サルトルは人間の自由とは人間が人間に対する唯一の立法者であることと、人間はつねに現在の自分をのりこえていき、自分をとりまく対象をのりこえていくこととこの二つの要素が結合することによって成り立つものと考える。

「人間を形成するものとしての超越（のりこえとしての）と、人間的世界のなかに現存する主体性（彼自身が自分に対する立法者である）と、この二つのものの結合こそ、われわれが実存主義的ヒューマニズムと呼ぶものなのである。」

欠如と可能性

では「超越（のりこえ）」とよばれたことがらの内容はどのようなものなのだろうか。「超越」とは、自分が現在かかわっている対象をのりこえ、同時にその対象とかかわっている現在の自分をものりこえ、未来の新しい自分を求めて、それに向かって自分を投げ出して行くことなのである。現在の自分、存在している今の自分を否定して、いまだ存在していない未来の自分、未来の目的に向かって自分を投げ出して行くことなのである。ではどうして、現在の自分、この自分がかかわっている対象をのりこえることが自由であり意味ある行為となるのであろうか。サルトルによると、いまだない未来の理想にこそ自由の意味があるのであり、現在の自分や事物にとらわれて生きる生き方は、能動性を欠く生き方なのである。現在に不満を感じ、未来のより理想的な状態を想定する、これが価値であり、この価値から出発して現在をのりこえることによってはじめて、人間の行為に意味が生まれると考えるのである。

サルトルは、このようにして、われわれの「対自」は、現在の存在に満足せず、まだない自分をつねに想定するものでなければならないと考える。「対自」は自分がそれでない（未来の自分）に規定された存在であるかぎり、自分のなかにつねに「欠如」した部分をもつ存在なのである。サルトルは、この「欠如」の状態を次のように分析する。月にたとえるならば、いま弦月《げんげつ》がかかっている。この場合、弦月の欠けた黒の部分が「欠如分」なのであり、現在みえる弦月が「欠如者」、つまり現在存在するがままの月、現在あるがままの自分、「現実存在者」である。ところで、われわれは、この弦月がやがて満月となるように望む。満月はいまは存在せず、未来の想定の対象であるにすぎないが、われわれはこの未来の状態をねらって現在をのりこえるとするなら、このあるべきであってもいまだあらぬ満月としての全体は、「欠如を蒙《こうむ》るもの」ということとなる。この場合、満月が現在の弦月を規定しているのである。弦月は満月としての全体からみて「あらぬところのもの」となる。

われわれ人間は、現在の存在としては、いまだないものに規定された「欠如者」である。しかし、この「欠如者」は、この「欠如」をうめ、全体を回復しようとする。この「欠如を蒙っている」全体が、いまや価値となる。この価値に向かってわれわれは現在をのりこえる。しかし、この価値は、「いまだないもの」である。したがって、価値は「欠如分」によって現在からひきはなされたものである。価値は存在すべきであるが、いまだ存在していない。価値はある「不在」によっていまはなされている。ところが、対自はこの「不在」をうめあわせることをもくろむ存在なのである。この「欠如分」をわれわれがうめあわせるための対象としてみたてるとき、「欠如分」は、単なる「不在」ではなくなり、「対自」の「可能性」となる。「対自」は「欠如」をうめる可能性に生きているのである。「対自」はつねに、「欠如者」であるが、同時に、つねに「可能性」と一組になって存在している。「あるものでなく、あらぬものである」存在。サルトルは、この「対自」の構造を「自己性の回路」と名づけた。サルトルが、人間を「絶えず自分自身の外にある」存在と呼ぶことの意味は、人間がつねに可能性に生きる存在であるということの意味なのである。

無益な受難

人間は現在あるがままの存在に満足できない。人間は現在ある存在に価値を感ずることができない。人間はこの現在をのりこえ、いまだない未来の可能性の実現に価値を感ずる。人間とは不断の投企であり、たえまなく次々と計画に生きる間だけ自由を感ずる。この計画が一度実現したあかつきには、人間はその実現に幻滅を感じ、もはや価値を感じない。人間は再び次の計画に没頭する。

しかし、反面、計画はそれ自体では、いまだないものであり、単なる可能性であるにすぎない。この可能性が現実化したとき、そこにはもはや対自の投企はなく、価値なき即自存在があるのみである。だから人間は絶対対自の可能性を失うことはできない。では、人間は自らに価値を感じ、自由を実感するためには、いまだない可能性の虚無にとどまらなければならないのだろうか。決して実現することのない願望をいだくことのみが人間のすべてなのか。いやサルトルはシュールレアリストのような、「実現不可能性」を熱拝する種族には属しない。ただサルトルは、対自の可能性を失うことなく、同時に即自の存在性と一致する状態、「対自・即自」の状態をのぞむ。これが、実は対自の理想なのである。

確かに、サルトルは個々の行為の実現不可能を強調したりはしない。投企はかならず実現する。しかし、実現した投企は、もはや即自態であって、すでに価値は存しないというところに難点がある。だから価値を得るためには、再びその実現物をのりこえ、新たな投企のなかに生きなければならなくなる。つまり対自は自分を失うことなしに存在（即自）に達することはできない。対自は自らが対自であるかぎり、即自はいまだない可能性の理想であるにすぎない。だから、投企は実現されるとしても実現は同時に価値を失うことになるのである。したがって、対自のままで即自であること、価値を保ったままで実現をかちとるということは絶対に不可能である。実現のあるところ価値はなく、価値のあるところ実現はない。

古来から、存在と価値の一致したものを神と呼んでいる。サルトルにとって、価値を与えるものは神ではなく人間である。人間は事物に価値を与えるべく「自由の刑に処せられた」存在である。しかし、価値は可能性にすぎないから、同時に存在を手に入れ、価値として存在しなければならない。けれども、対自－即自の両立は不可能である。不可能であると知りつつ、人間は自由への投企をやめることはできず、価値の存在性を希願することをやめることはできない。サルトルは、実現を期待しえないこの無益な努力を批評して次のようにいう。

「人間は神を生まれさせるために、人間としてのかぎりでむなしく自己を失う。人間は一つの無益な受難である。」

個々の行為は確かに次々と実現されるが、その時々で対自は自己を失わなければならない。対自のままで存在に達したいという理想の実現は絶対に実現できない。だが、人間はこの実現不可能な理想を追いもとめつづけないわけにはいかない。人間は不断に、挫折に自己を賭けるという刑罰に処せられている。

待機

カール＝マルクス

マルクス主義の立場から

サルトルの哲学（『存在と無』まで）は、以上みてきたような、解きがたい難問をかかえていた。実現物には価値はなく、それは単なる事物の世界にすぎない。反面、価値ある領域は対自の可能性であるにすぎない。事物の領域と対自の可能性の領域とは、けっして両立しえない、相互に結合しえない矛盾をもっている。この二つの領域は最後まで二元論的に対立し、一元的に統一しえないものどうしである。

しかし、このサルトルの「自由の哲学」も、考えてみると意外に簡単な弱点があることがわかる。対自は自分を「存在ではない」と最初に存在を否定しておいて、次に存在を否定するこの対自の態度を維持したままで、その当の存在と一体化する方法はないかとねがってもちょっと虫がよすぎはしまいか。

サルトルは存在をそれ自身で何ら意味をもたず、「必然ではなく偶然」なものと考えている。マルクス主義では、存在とは必然性にもとづいて発展をとげるものと考えている。さらに、その必然性にもとづいた発展とは、単なる運動ではなく、進歩をともなうものであり、存在自体が価値をもち、価値を実現して行くものであると考えている。では、存在自体が価値をもつものであるとするなら、人間の意識（対自）、サルトルのいう人間の自由のゆくえはどうなるのか。マルクス主義における自由観はサルトルのそれとは相違して、人間の意識が存在に反抗して自分を空無化して行く点に特色を求めず、存在の必然性を意識が洞察・認識し、この理解のうえに立って存在の運行を人間の統制の下に服させるようにすることを目標としている。「必然性の洞察が自由である」（エンゲルス）。人間の主体は、存在に反逆するのではなく、むしろ、存在の必然性に従い、その法則を認識し、そのうえでその必然性を運用する力となる。これが人間の自由にほかならない。マルクス・エンゲルスが「必然の王国から自由の王国への人類の飛躍」と呼んだことがらは、必然の側面をなくし、存在を空無化する王国を想定することではなく、存在の必然性は実在しつづけるものとみなしながら、この必然性を人類の計画的管理の下におくということを意味している。そのためには、生産手段を社会的に共有化して、生産の計画化を可能とする社会関係をつくり出さなければならないと考えたのである。

必然の洞察と選択の自由

われわれが必然性を人間の統制に服させるといっても、つごうのよい必然性をあみ出したり、つごうの悪い必然性を消えてなくなれと命令したりできるわけではない。ただ、必然性といっても、いくつかの側面が相矛盾し、相互に闘争しあっているものであるから、そのどちらの側面がより存在全体を発展させるものであるのか洞察したうえで、その側面を意識的に増大させ、当然あい争う他の側面をその必然性自身の力で消滅させることができる。必然性のどちらの側面に力を入れるべきか、それは人間の選ぶことである。だから、必然性の洞察ということは、選択の自由を排除するものではない。

サルトルの立場では、自由観の中心をなすものは、選択と決断の自由である。可能性に向かって決断し、多くの可能性のなかから対自の理想となるべき企画を選択する。ところが、サルトルの決断・選択は、必然性の洞察から切り離されたところに成立する。ある哲学者が「私は決断した。しかし何を決断したのか、いまだ考えていない」といった。サルトルの場合も、意外とこれに近いところで決断の哲学を説いている。無為無策の不決断の無償性にとどまる生活をつづけるべきか、何かを決断する態度を基本とする生活に入るべきかについて選択しようとする。何を決断するか、何に対して何を選ぶかではなく、決断か不決断かを選択・決断しようとする。決断の対象となる可能性を必然性の認識という立場から科学的に検討しようとはしない。何であれ、決断するかしないかがたいせつなのである。

『自由への道』の主人公マチウは、決定的に決断を迫られるような状況においこまれぬように、何にでも本気でなく、何にでも逃げ腰である。マルセルを愛しているが、正式に結婚しようとしない。子どもが生ま

フリードリッヒ＝エンゲルス

れそうになるが、これを堕胎《だたい》させるかどうか迷う。スペインの動乱への義勇兵として参加したらと思うがそれもやめる。友人ブリュネから共産党への入党をすすめられるが、いずれ正式に決断しなければならない時が来るとしても、いまはまだもっとよく考え選んで、納得《なっとく》のいくところで決断したいという理由で断わる。ほんとうに賭《か》けるチャンスが来るまで選択を保留する。「最後の機会」をねらって、よく吟味し、それまで選択はしない。たくさんの可能性のなかから一つを選ばなければならない。であるなら、自分の現在にとって最も理想的な企画を選びこれに賭けたい。ここでは可能性がみちみちている。選択の自由の花盛りである。しかし、何がいったい最も理想的な企画・可能性なのか、その理想状態を決定する客観的基準は何なのか。選択を行なう際の判断の基準は何なのか、こういう点にいたるとサルトルの哲学は実にあいまいである。だから、主人公マチウはいつまでもうろうろしなければならない。必然性の認識という基準を認めぬ選択の自由は、方向感覚を失った乗り物に等しい。可能性はたくさんある。だから選択しなければならない。しかし諸可能性のなかで、それが存在の未来の発展にてらして最も必然的なもの、つまり「実在的可能性」と単なる空想的可能性としての「抽象的可能性」とを区別しなければならない。

マルクス主義の立場でも選択の自由は認めるが、その選択の基準となるべき原則は、より「抽象的な可能性」をすて、より「実在的な可能性」を選ぶことにある。この可能性のもつべき「実在性」の基準は「存在の必然性の洞察」に求められる。つまり科学的真理にてらして選ぶのである。恋人を選ぶにしても認識にもとづいて選ぶ。だからこそ、恋愛論がそれ自身一つの科学となり、情熱論がそれ自身学問とならなければならない。マルクス主義の立場では存在の認識ということと情熱的投企ということとが一致している。ところが、サルトルでは欠如するものという形でとらえられた可能性のなかには抽象的、空想的な可能性も同居している。そのなかで、どれが一番理想的なものなのか。現存するものではないものとしての「欠如分」は「全体」に規制されるといっても、その「全体」それ自体まったく主観的な願望にすぎないではないだろうか。つまり、サルトルでは可能性の客観的基準がきわめてあいまいなので、当然選択の基準も明確さを欠くという欠点を背負うこととなるのである。

『自由への道』

サルトルは一九四三年に大著『存在と無』を発刊する。この著書において、サルトルは小説『嘔吐』の無償性の立場から脱却して、決断し超越し、事物に理由と意味を与え、世界に責任をもつ主体へと変身する。われわれは無意味で無為の無償性のままに自分をとどめておくことも可能である。決断をしないことも可能である。しかし、このことは決断をしない立場にとどまることを選んだことを意味する。われわれはどの立場に逃れようと決断する自由から逃れることはできない。われわれは「自由の刑に処せられて」いるのである。われわれは、事物に意味を与えるものとなるべく運命づけられているのである。

この自由の発見はサルトルを一変させる。しかし、サルトルにとってはっきりしていることは、人間は自由であるべく運命づけられているのであるが、その中心となるべきものは「決断」と「選択」の自由である。したがって、自由を選ぶのもあくまでも自由な選択によってである。もし、われわれが人間の本性を裏切り、選択し決断する能力を眠らせ、決断を保留したならどうなるであろうか。ロカンタンは、いまだ、人間の本性が決断し選択する自由にあることを知らなかった。ところが、選ぶことも自由であり、選ばないことも同じく自由であることを十分知ったうえで、この決断を保留させ、決断を前にして自分を待機させる人物が現われたら？　選ぶことを決断するのでもなく、選ばないことを決断するのでもない。決断することをちょっと待って、うろうろしているのである。自由の運命を知りつつ、この運命を保留すること。決断への道は遠い。知ったうえで、さらにわれわれは、ぐずぐず、最後の瞬間、自分を決定的瞬間に追いやる時をちょっとのばしにのばすことができる。うちあけなければならないことを、今日一日のばし、やらなければならない仕事をまた明日一日のばす……　サルトルは、『存在と無』に前後して、第二の大部小説『自由への道』を書きすすめる。ここでは、自由への明晰なる分別をもちながら、この自由の発動を保留する人物が現われる。この人物がどのようにして、自分の「待機」状態をつきぬけて「決断」に達するか、これが『自由への道』のテーマである。

世人はよく、自分がいま決断しないのは、決断しようとする事柄が十分の価値をもっていないからであり、さらにもっとよい機会が来るかも知れないので、十分慎重に検討して決断するためにようすをみているのだと弁明する。決して決断そのものを嫌っているのでも、おそれているのでもない、と主張する。

ブリュネはマチウに入党をすすめに来る。マチウはそれをことわる。ブリュネはマチウにいう。

「誰も君を非難してはいない。最上の機会のために今は見合わせる、というのは君の権利だ。ただその最上の機会ができるだけ早く来ることを期待する。」

「僕も同じようにそれを期待している。」

ブリュネはふしぎそうにマチウの顔をみた。

「ほんとうに期待しているのかね?」

「ああ、そうだ……。」

「ほんとうならばそのほうが結構だ。ただその機会が早く来ないんではないかと思うね。」

「僕もそう考えているんだ。おそらく絶対にやって来ないか、あるいは、おそすぎるか、それともそのような機会は『無い』のかもしれない、と。」

「それで?」

「そういう場合には、僕が情けない奴になるってわけだ。それっきりさ。」

このようにして、世人は待つ……「最上の機会」を。その間中、決断を待機させ、保留させる。人間の自由はこのようにして「待つ自由」に変わる。待ちくたびれたマチウは、あるとき、こんなことをいう。

「おれはただもう待っていたために空虚になり、不毛になってしまった……」

しかし、ほんとうに「最上の機会」を待つがゆえに人は決断をさけているのだろうか。「最上の機会」が来ないというのは、むしろ口実で、実際は何ものかに自己を決断し、決断した事柄に責任をもち、自己の自由が拘束《こうそく》されることをおそれ、これをさけようとしているのではないか。人はむしろ、決断すべき時が来ていることを知っている。しかし、自分で自分をいつわり、「決断の時間を、できるだけ遠く後退させる」ことをねがう。そして、自分にいい聞かせる……「これはまだ『最上の機会』じゃないんだ」と。これは自己欺瞞《ぎまん》である。誰もがヒトラーの侵略の意図は知っていた。今、決断してこれに反対しなければならないことをも。しかし、ミュンヘン会談で、チェコをドイツに与え、戦争を一時さきへのばし、同時にヒトラーとの対決の時をも一時保留した。『自由への道』の二巻『猶予《ゆうよ》』では、世界全体が「自己欺瞞」に酔うありさまが、ミュンヘン会談をめぐる数週間にピントをあわせて描かれている。

「絶対にやって来ないか」、来ても「おそすぎるか」、あるいはもともと「無《な》い」のかも知れぬ「機会」のために、マチウの自由は保留され、使われないままに毎日流産してしまっている。マチウは自分をみつめて「おれはだめな男だ」、と思う。この「だめな男」は、決断した事柄に拘束され、自分の自由を失うのをおそれて、自分の自由を使おうとはしない。十分の「分別」をもち、能力をもちつつ、この力を出し惜しみ、空虚な可能性に埋没している。

反面、決断し自己を拘束した人物、たとえばブリュネをみて、マチウは焦燥を感ずる。マチウは考える……。

「ブリュネは入党した。自分の自由を断念した。もはや単なる一兵士にしかすぎない。ところがそのとき、彼にはすべてが返されたのだ、その自由さえ。『ブリュネはおれ以上に自由だ。彼は自分自身とも、また党とも一致している』彼はそこにいる、はっきりと実在している」と。

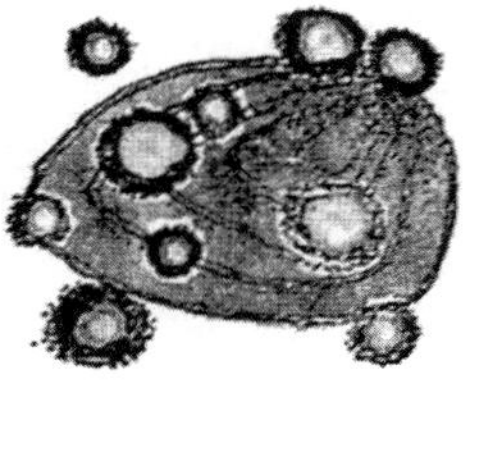

演技（他者の前での物化）

まなざし

マチウは決断を保留した。いつか「最上の機会」が来るまでは、と理由づけながら。けれども、いつであれ、決断するのは他の誰でもなく、自分自身であること、決断を他人に代わってもらうわけにはいかない、ということだけは確かだった。しかし、あらためて考えてみよう。あるいは誰か他人に決断させ、自分はその人物のかげにかくれて、何とかうまくやっていく方法がないものか。もしこれが可能なら、責任回避のニューモードを発見したことになる。

では、あらためて問題として提出するわけだが、他人とは何なのか。他人とは、やはり自分と同じ一個の自由な主体である。事物をのりこえて責任をもったり、責任をもつことから逃避したりしている同じ一個の自由な人間主体にほかならない。けれども、他人は決して他者自体として、きりはなされて存在しているわけではない。「他者」とは、「わたし」との関係のなかでとらえられた人間存在のことなのである。「他者」の出現をわれわれにあらためて感じさせるような、いくつかの日常体験を思いうかべてみよう。

わたしは、いま、部屋《へや》の中の興味あるできごとをみたいという誘惑に負けて、鍵穴から中をのぞいている。そのできごとは何か、それはご想像にまかせるとして、とにかく、わたしは、夢中であり満足である。

ところが、突然、廊下で音が聞え、思わず顔をあげると、誰かが立っていて、わたしに「まなざし」をむけ、じっと見下しているではないか。わたしは、瞬間的に全身羞恥のかたまりに変わったのを発見する。そこには「他者」が立っているのだ。

いままで、わたしは、部屋の中に「まなざし」を向け、部屋のできごとを支配する可能性であった。ところが、わたしの前に立ちはだかった「他者」は、わたしに「まなざし」をむけ、わたしはただ一方的にみつめられる存在へと一変した。わたしの可能性はいっぺんに固形化し、「まなざしを向けられているもの」へと変化したわたしは、みつめ返すすべもなく、他人がみつめるがままの対象に変えられてしまった。わたしの可能性は、他人の意志にゆだねられ、他人がその可能性の自由を一方的に所有するようになり、わたしの可能性はその他人に奪われてしまった。「わたしの可能性の他有化」である。みつめられているわたしは、単なる「まなざし」の対象としての事物に等しいものとなってしまった。

このようにして、それぞれ自由な可能性をもつ二つの主体の出現は、「まなざし」を向けるものと「まなざし」を向けられているものとの対立という形をとる。『存在と無』を書いたころのサルトルにとって、一方の人物が自由であれば、もう一方の人物は「まなざし」の対象となって「物化」し、事物と同じものへと変身しなければならないものであった。二つの自由の共存はありえない。一方が自由なら他方は物だ。かりに男性が「まなざし」を独占し、自由を専有すれば、女性は「物」とならざるをえない。まさに「地獄とは他人のこと」なのである！

このようにして、他者とは、わたしを「超越」する主体なのである。しかし、わたしは事物化されたとはいえ、「超越」する主体としての自由の能力を失ってしまったわけではない。次の瞬間、わたしは相手を見返し、相手をにらみ返して、相手に「まなざし」を向けることもできる。いままでわたしは「まなざしを向けられるまなざし」だった。しかし、こんどの瞬間、わたしは「まなざしを向けるまなざし」へと転身したのである。こんどは、他者の「超越」する主体は、わたしをみつめ、わたしを「超越」する主体ではなくなり、わたしによって「超越される超越」になってしまった。つまり、わたしが自由な時は相手は物となり、相手が自由な時はわたしが物とならなければならない。これが他者の実相である。サルトルにとって、二つの自由が共存し、相互にお互いの自由を認め合うという状態は成立しがたいものなのである。たとえば男性と女性間の恋愛という関係をみても、サルトルにあって、やはり一方が自由なら他方が物となるという二つの自由の相剋《そうこく》なのである。

マルクスの恋愛論（相互承認）

では、どうして二つの自由の共存は不可能なのだろうか。このことは、自分が自由であるということは、他人なり対象なりを否定することによってのみ、相手を超越することによってのみ可能なのだ、というサルトルの自由観が原因となっている。相手を肯定することによって、同時に自分も肯定するという立場をどうしてとれないのだろうか。サルトルの自由観は、やはり、「万人は万人に対して狼である」（ホッブズ）というブルジョア個人主義の流れをくむものなのである（もちろんサルトルの思想はのちほどみるように変化し発展して、共同体の理論を彼なりに形成するようになる）。では、この問題をどのように解決することができるのか、ここで少しマルクスの恋愛論についてふれておこう。

マルクスは将来の社会では、生産手段の共有という条件のもとで、人間と外界の自然との間に一定の調和が成立し、人間は外界を統制し支配することができるようになると考えた。しかし、これは外界の自然にのみ限られたことではなく、われわれ人間の体内にある自然（感情や欲望など）との調和統一もまた同じように可能となる。若いころのマルクスはこの理想を「人間主義・自然主義」と表現した。マルクスは男性と女性との恋愛関係にふれ、「男性対女性の関係は人間対人間のもっとも自然的な関係である」とのべ、ここでは「どの程度まで人間の自然的行動が人間的になっているか、または、どの程度まで、人間的存在が人間にとって自然的存在になっているか」がしめされるといっている。男性対女性の関係は、人間がどの程度まで体内自然との一致統一に達しえたかの基準となるという。マルクスは、人間が単に理性的・人格的自由にとどまることなく、同時にその人間が情熱的な存在にならなければならない、「人間にとって人間の本質が自然になってい」なければならないと考えた。また逆に、「人間の欲望が人間的欲望」にまで高まっていなければならない。マルクスは、人間の欲望が「人間的欲望」になることによってはじめて、「人間にとって、人間としての他の人間が欲望の対象となる」ことができると主張する。

人間の欲望が自然的欲望のままであるなら、この欲望の対象となった他人は、サルトルの場合のように単なる物と化してしまう。欲望が人間的欲望となりえてはじめて、人間は人格としての他人を欲望の対象として求めることができるのである。マルクスは結論として、個人の欲望が、どの程度まで人間的欲望となっているか、その度合に応じて、「どの程度までもっとも個人的な定在における人間が同時に共同存在となっているかがしめされる」と結んでいる。「個人的な定在における人間が同時に共同存在」たりうるという規定はすばらしい。これは、個人的欲望をもつわたしが、その欲望の対象として、人格的存在としての他人を志向しうるということなのである。マルクスの恋愛論は、単に両性相互の理性どうしの承認という人格主義による解決にとどまらず、「人間的欲望」という自然を介し、相互に相手を人間的人格として求めあい欲求しあう関係なのである。ここでは、人間主義・自然主義という関係が、人格と情熱との統一という美的関係をつくりあげている。マルクスのいう恋愛とは、両性のつくり出す美的な関係（人間的・自然的関係）のなかで、相互に相手を人格として理性的に承認しあい、かつ情熱的に求めあう関係なのである。

このようにして、マルクスはブルジョア的個人のもつ「万人の万人に対する闘争状態」（ホッブズ）を一思いに解決してしまう。ここでは、サルトルの場合のような、互いをいやしい欲望で物にしあう関係もなく、相手を物にして自分の自由を証明してみせるような努力も不必要となる。

ボードレール

他人に決断させ、自分はあえて「物」となっても、その他人の主体のかげにかくれ、最後まで責任回避をしようとする人間、サルトルはこういうタイプの人物を激しく攻撃する。その典型としてサルトルがあげた人物は、『悪の華』の詩人、ボードレールである。

サルトルは一九四七年に『ボードレール論』を発刊した。この著作は実存主義者サルトルの立場から「見られた」ボードレール像を内容としたものであり、サルトルの哲学を理解するうえで大変おもしろい作品であるが、単にそれにとどまらず、ボードレール研究の立場からみても実に独特なボードレール像がここに提示されているといいうる。

サルトルは一個人の幼年時代の体験をきわめて重視する。ボードレールの幼年時代もある意味でサルトル自身のそれとよく似ている側面をもっている。「父親が死んだ時、ボードレールは六歳だった。」その代わり、ボードレールは「母をあがめながら暮した。」「母は偶像で、子は母の愛情によって聖化されて」いた。彼は「いつも母のなかに生きて」いた。ちょうど「聖堂のなかにかくまわれている」かのように。幼年時代とは、自分で自分の価値を選び、その価値に対して自分を決断させていく時期ではない。この時代は、価値や真理は親から与えられ、この他者である親の価値のもとで自らは「物」となり、親の「まなざし」のもとで生活する時期である。与えられたもののなかで自分を豊かにして行くことので

ボードレール

きる楽園である。とはいっても、すべてが労せず与えられているがゆえに楽園なのではなく、他者の価値の前で「物」となるということに矛盾を感じないですむ唯《ただ》一つの時期という意味で楽園なのである。この楽園の主が彼の母親であった。

ところが、この「熱愛していた母」が、ある軍人と再婚するのである。ボードレールはさっそく寄宿舎に入れられてしまい、この時期から「彼の有名な『ひび』が始まる」のである。この「突然の別離」は彼を深い苦悩に落しこんだ。彼は「一人とり残された」自分を発見する。いままでは「母と子が二人きりでつくった宗教的な一体生活」にひたりきっていたのに、彼は自分を価値づけてくれていた中心から投げ出され、無意味で孤独な他者として裸にされたことを知る。自分は母から「除《の》け者」にされたのである。自分は母に対して無縁の他者となり、母に対して「別人」となった。

ここで、ボードレールの選ぶべき生き方は大別して二通り考えられる。その一つは、母中心の生活にピリオドをうち、母が与えた価値観に別れをつげて、自分で自分の価値をさがし、自分で自分をつくっていく決断の途《みち》を選ぶことである。もう一つは、あくまでも母中心（あるいは他人が与えた価値を中心にする）の生活をすてず、ただし、その母と一体化することはできない以上、いつまでもそれへの反逆児となり、別人となり、この価値から見すてられた他者としての態度をつらぬくこと、これである。社会や他人にすね、反抗し、意識的にそれらの前での「物」となるポーズをとりつづけながら、結局は社会や他人（母親）に依存し寄生する生き方である。ボードレールが選んだ途は、この第二の途であった。ボードレールは、生涯他人の前で物化された他者性に生きようとした。いつでも自分の他者性をすてることのできる成人に達しても、この態度を生涯すてようとはしなかった。

悪魔主義

ボードレールは、自分が母にとっての他者であることを発見した。自分は母親から「除《の》け者」としてながめられる存在であると思った。ボードレールはほんとうの孤独の途《みち》、「自分をかけがえのない人間とするものを、自己のうちに見出す」方向をとりえなかったので、他人の「まなざし」にとって「かけがえのない人間」になろうとした。「まなざし」の対象となるということは、自分を「事物」に等しいものへと変えることを意味した。では、他人の「まなざし」にとって、つねに「かけがえのない」事物となるにはどうしたらよいのだろう。一般的にいって、自分で自分の価値をもたず、他人から与えられた価値にしたがって生きる者にも、大別して二通り考えられる。一つは、優等生となり秀才となって、神なり教師なりの価値に一体化し、その理想像を演じ、それと一体化するという形で「他人の前で物化」する方法である。ところが、ボードレールにとって、他人の価値への一体化は、母の再婚によってその可能性がうちきられ、優等生、秀才として生きる可能性は奪われてしまった。残る途はもう一つ、他人の価値に反逆することによって、他人の関心をそそる方法以外には考えられない。

不良学生が教師に反抗してみせて、皆《クラス》の関心をそそろうとしたり、教師を手こずらすことで逆に教師からかわいがられようとしたりするテクニックと同じように、ボードレールは母親に、義父に、世間に、神に反逆する「悪」の化身《けしん》となるポーズを通じて、彼らの関心をよび、自分に「まなざし」をむけさせようとした。苦労させる子どもほど、逆に親はかわいいとも俗にいうが、ボードレールのほうはそれなりに、他人の道徳に反逆したあげく、その他人から道徳的に鞭《むち》打たれ、裁かれることにかえって快楽をすら感じていた。ボードレールの演じた悪役はむしろ方便であり、神の愛を得るために一芝居うったにすぎないのである。詩集『悪の華』は、悪を対象とし、悪の創造をうたったものである。しかし、「悪と称しながら、その創造は相対的で、派生的であり、善がなければ存在しない」といった性格のものなのである。だから、悪をたたえながら、「遠回しに、規律を讃《たた》えて」いたのである。ボードレールは、自分を、「父親がいつでも帰りを待っている放蕩《ほうとう》息子」に仕立てていた。表面では神に反逆しつつ、実際には彼の「悪魔主義」とは、「キリスト教に裏口から入ろうとする試み」（T・Sエリオット）にすぎなかった。

他者性

ボードレールは反逆するために、つねに他人を必要とした。悪をなすために、つねに善を必要とした。彼はつねに他人の「まなざし」を必要とし、自分をつねに他人にみられる他者として生きた。『自由への道』にはボードレールをモデルにしたといわれる人物がたくさん出てくるが、男色家ダニエルもその片われの一人であり、ダニエルはマチウへの手紙でこんなふうに自分を語っている。

「ときどき、あの視線という剣につらぬかれ、僕は眼をさましてとび起きるのだ。『僕は眺《なが》められている、ゆえに僕はある』と僕はいいたい。僕をみているものが、僕を存在させるのだ。僕は、彼が僕を見ているように存在する。僕は罪人だ、だが、僕は存在する。僕は存在する。神の前で、人々の前で、僕は存在する。この人を見よ。」

ボードレールの生活のすべてが「監視されて」いる。その結果、ちょうど「おとなに見られながら遊んでいる子どものように、自然らしさが失われる」ようになる。「すべてが仮装される」ようになる。やがてボードレールは、この他人の「まなざし」のもとでの「事物存在」としての自分を、この客観性を人工的につくり出そうとするようになる。最初、この客体としての自分は、母親の再婚によってつくられたものであって、ボードレールがつくったものではなかった。ところが、今度は「他人にとって事物である自分を、彼自身の自由な計画とすることで内面化しよう」とするのである。つまり、今度は自分の意志で客体としての自分を創造しようとし、自分で自分を客体とすることを選ぶのである。ここに、自由意志を素材とした奇妙な怪物、「自由＝物」が生まれた。ほんとうの自由とは自分で価値をつくることであるのに、ここでは、確かに「自己を創造しようとしているには違いないが、他人が眺める通りの自己を創造しようとしているのである。」ボードレールは「他人が見る通りにある。」ボードレールには「彼の他者性を認めてくれる人が必要である。」彼はその人の前で不断に「物」となることを選び、「物」としての自分を不断に創造した。これは他人の「まなざし」の前での不断の演技である。演技することを選んだのは、確かに彼の自由意志であった。しかし、この「物」であるための意志は、結局、自ら「物」となることを選ぶ意志に等しく、「自分の善を選ばないことを、選んだ」ことを意味するのである。

ボードレールは、このようにして「見られる存在」へと変身した。しかし、ボードレールにも、依然として何ものかを見る自由は残っているはずである。他人を見返すこともできる。だが、ボードレールは他人を敵にする勇気はない。他者性という形で他人と密着する生き方が彼の選んだ途であった。そこで、彼の目は、他人と同化し、他人と同じ視線でわれとわが身をみつめようとしはじめるのである。ボードレールは反省する意識となって、他人から見られている自分を他人の目になって眺める。「彼は自らの処刑者、つまり『われとわが身を罰する者』になろうとする。」

われは傷にして短刀
犠牲者にして処刑者なり

ここでボードレールは、「反省する意識を短刀に、反省される意識を傷に変えよう」と努力している。ボードレールは「自分を見たい」のだ。事実、ボードレールは、自分の手や腕を眺める。特に彼の手は自慢の客体で、彼は折々「じっと手を見て」くらした。サルトルは要約的に次のようにいっている。

「ボードレールは、自分を他者であるかのように自分を見ることを選んだ人間である。彼の生涯はこの失敗の歴史にほかならない。」

束縛の文学

戦争体験

サルトルが決断をためらっているうちに、戦争のほうが先に決断してしまった。一九三九年九月二日、仏英は対独宣戦布告を発し、サルトルはただちに召集され、砲兵隊所属の気象班の一員としてアルザス地方に配属される。サルトルが自分の個人的自由をもてあまし、少しうんざりしている間に、戦争のほうがサルトルにねらいを定め、いやおうなしに彼をとらえに来てしまった。避けることのできない「状況」としての戦争は、サルトルの個人的自由を「束縛」し、サルトルは自分の自由が一つの「状況」に直面していることを発見する。

もちろん、サルトルが経験した軍隊生活は、幸い平穏でのんびりしたものであった。独仏軍はマジノ線でしばらくにらみ合ったままであったので、軍務の余暇に小説を書くことができた。

「ここでのぼくの任務は、気球を空に上げ、望遠鏡でながめることです。それが終わると砲台にいる砲兵隊の士官に風向きを電話で知らせます。それをどう利用するかは、彼らのお好みしだいなんです。若年組は通報を活用しますが、老年組は紙くずかごにほうり込みます。この二つのやり方に優劣はありません。どっちみち大砲は撃《う》たないのですから。このきわめて平和的な仕事は、たっぷり余暇を残してく

兵士サルトル

れるので、それを利用して小説を完成しつつあります。」

まったく「奇妙な」戦争だった。

しかし、その戦争がどんなに「奇妙な」ものであろうと、戦争は戦争だった。サルトルは、はじめて自己の意志による決定でなく、「状況」に決定される自分を発見する。もはや、自由は「束縛」の枠のなかにしかない。やがてドイツ軍は電撃的な攻撃をかけ、フランスは翌六月にあっさり降伏してしまう。サルトルは捕虜になったが、看護兵と称して病棟に移り、要領よく暖房のきく部屋に寝とまりし、そのうち生来の斜視を利用して「平衡障害」であると称し、民間人といっしょに釈放され、パリへ帰ってくる。パリはナチスの占領下にあり、もはや自由といっても反抗する自由以外ありえなくなってしまった。これらの戦争体験は、サルトルにある決定的な影響を与えた。人間の自由は、ある「状況」に「束縛」されたものとして以外存在しえない、という体験がそれである。いかに「要領よく」ふるまおうと、この「要領のよさ」も、しょせん、戦争＝軍隊という枠のなかでのできごとであり、戦争をないものにすることも、戦争を超越することも許されない。人間は依然として自由のままである。しかし、もはや一定の与えられた「状況」のなかでしか自由ではありえない。

状況のなかでの決断

サルトルは、『文学とは何か』と題する著作のなかで、戦争から対独レジスタンスの時代を回想して次のようにいっている。

「こんどこそわれわれは、突然状況に置かれさせられたのを感じた。われわれの先駆者たちがあれほど実行するのを好んでいた上空飛行は、不可能となっていた。」

時はすでにジイド的無償性、ボードレール的自己偽瞞の時代ではない。もう保留はできない。今すぐ決断するか、状況にのみこまれてしまうかのいずれかである。

われわれはその時代の状況に対して責任がある。どのような態度をとろうと責任を回避することはできない。ファシズムの進行に対してわれわれには責任がある。なぜなら、われわれはファシズムの抬頭をみながら、それを阻止できる時に阻止しなかったからである。もし、その人がその時に決断を保留し、沈黙を守ったのだったなら、責任をとるべき時に責任をとらなかったことに対して責任がある。「たとえ石ころのように黙ってじっとしていても、われわれの受身の態度そのものが、すでに一つの行動である。」フローベルやゴンクールは、パリコミューンにつづく弾圧に対して責任がある。なぜなら彼らはこの弾圧を阻止するために一行も書きはせず、沈黙を守ったからだ。フローベルやゴンクールは、彼らの沈黙に対して責任がある。またファシズムの進行に対して沈黙を守ることは、ファシズムという状況の進展を野放しにすることを意味する。「ドイツ軍による占領は、われわれに責任を教えてくれた。」この占領にさからって「意志的な行動」をしないということは、占領に協力したことに等しくなる。決断を保留することは、その間だけ占領を肯定したことになるからである。不決断も一つの行為なのである。占領という状況に反対なら、いますぐ、この状況のなかで、この状況にさからって決断することが必要である。

サルトルはいっている。「私は信ずるのだが、われわれの立場の独自性（敗戦後または今次大戦よりわずか先だって書きはじめた作家の立場）をなすものとは、戦争と占領とが、鎔解した世界のなかにわれわれを投げこんで、相対性そのもののさなかで絶対を発見することを、力ずくでわれわれになさしめた、ということである」と。「われわれはこの戦争、おそらくはこの革命のただなかに、この生を生きるよりほかはない」のである。「もっといい時代はあるかも知れないが、これがわれわれの時代なのである。」「人間はその時代において、その環境において、その生存する地上において絶対者である」以外にはありえないのである。絶対に消し去ることのできないことは、「この状況に対して私が今この時に取った取り返しのつかない、この決意」がどういうものであったのか、ということである。われわれは、「われわれの時代において熱烈に闘争し、われわれの時代を熱烈に愛し、われわれの時代とともに滅びるからこそ絶対者となる」のである。われわれは、万代不易の神と等しくなることで絶対に達するのではなく、この状況でこの決意をしたという消え去ることのない行為の事実において絶対者となるのである。

『壁』

「われわれはドイツの占領時代ほど自由なことはなかった」とサルトルはいう。この逆説は、ナチの占領という、この非人間性の支配の状況のなかでほど、われわれに人間的であり、自由であることへの決断を要求された時代は他にありえなかった、という意味である。しかし、反面、この時代は「『もし自分が拷問されたら、どうするだろう?』と、自問しないですごすような日夜はなかった」といわれる時代であった。この時、当時の人間は、「人間性が否認される無人境と、人間性が生まれ創造される不毛の沙漠との間を動揺していた」のである。

サルトルは、占領下の対独レジスタンスに参加する以前、一九三七年に『壁』と題する短編小説を書いている。スペインの内乱という歴史的経験と、一人の人物が銃殺の壁の前に立たせられた時どうふるまうかという、実存主義の主張する「限界状況」の理論とが結合される形でつくられたものである。

主人公パブロは人民戦線軍に参加してたたかったが、とらえられてしまう。明日の朝は銃殺だ、といいわたされる。やがて、一夜があけ、隊長の居場所を教えるならば命を助けてやるといわれる。もちろん、パブロは隊長が従兄弟《いとこ》の家にかくれていることを知っている。しかし、パブロは「隊長グリスを奴らに渡すくらいなら死んだほうがましだ」と思うのである。それはなぜだろう？

「私はもうグリスが好きじゃない。あの男への友情は夜明け少し前、生きる欲望といっしょに死んでしまった。なるほど私はあの男をやっぱり尊敬している。あいつは頑張り屋だ。だが、私が身代わりに死のうというのはそんなことのためではない。あの男のいのちは私のいのち以上に価値なんかありはしない。誰のいのちだって価値はないのだ。一人の人間を壁に立たせ、そいつが死ぬまで射ちまくる。それが私だろうとグリスだろうと他の人間だろうと同じことだ。あの男がスペインのためには私より役に立つことはよくわかっている。だが私にはスペインも無政府主義も糞《くそ》くらえだ。何もかもくだらなくなってしまった。ところが私はここに生きている。グリスを渡せばこの身は助かる。だのにそれを私は拒絶しているのだ。私はそれをむしろ滑稽《こっけい》だと思った。これは意地なんだ。私は思った。『ずいぶん頑固だなあ……』そう思うと変に愉快なものが胸一杯になった。」

再びよび出された時、一杯喰《く》わせてやろうと思い、「あの男は墓地に隠れている」という。ところが、偶然、グリスは従兄弟とけんかをして墓地に来ていたのである。グリスはたまたま来た墓地で「ズドンとやっつけられてしまった。」パブロは銃殺からまぬがれる。

「あたりがぐるぐる回り出した。気が付くと私は地面に坐《すわ》りこんでいた。私は涙が出るほど笑って笑って笑いこけた。」

このサルトルの処女作で、われわれはサルトルの人間観の原型をみることができる。パブロにとって、祖国スペインの解放も、同志の組織も、主義も、もはやどうでもいいものに変わってしまっている。少なくとも自己の生命をかける価値ではない。しかし、強制に対して自分の自由をゆずりわたしたくないという自尊心、自己への尊厳、つまり「意地」のようなものが最後のささえとなっている。この組織も社会も主義も信じない、孤独でプライドにみちた一個の自由、これが、「限界状況」のなかでふるいにかけられ最後に残る根拠なのだ、とサルトルはいうのである。

われわれは状況にとらえられた。したがって、「人間はもはや孤立した個人ではない。人間は心ならずも集団生活に拘束されているのである。彼はそれに依存し、それは彼に依存している。してみると、もともとサルトルの道徳の根底をなしていた責任とは、不可避的なものであり、事実によって課せられたものであるから、それはもはや道徳的価値ではない。」(アルベニス)つまり、当時のサルトルが経験した「連帯責任」とは、何ら価値としてあるものではなく、単に一つの事実としてあるのみのものであった。この点に当時のサルトルの最大の欠点と弱点がある。彼は社会も組織も、同志の連帯性も集団も、祖国の解放も階級闘争の勝利も信ぜず、これを望もうとはしない。ただ、強制に屈せぬ自由な主体であれ、という。「沈黙の共和国」と題する論文のなかで「市民の一人一人が、自己がすべてのひとに義務があることを、かつ自分自身だけしか当てにすることができないことを知っていた。彼らの一人一人が、もっとも全き身を投げすてることのなかに、その歴史的役割を実現していた。彼らの一人一人が、弾圧者に反抗して、何とも救いがないながらも自己自身であろうと企てていたし、自己の自由のなかに自ら自己を選択することによって、すべてのひとの自由を選択していた」とのべている。

このサルトルの思想は、サルトルの長所と弱点の両面をよくあらわしている。一人一人が孤独な自由を守ることで、一歩でも人類を自由へとおしすすめることができるという思想は、孤独な決断を万人にすすめる、自分と同じことを万人もしてほしい、自分だけは裏切らないという自分への尊厳を各人が孤独のなかで守るようにとすすめることを意味する。この思想の欠点は、個人を束縛している状況の社会的必然性やその必然性が古いものとたたかい、発展していく歴史的価値を信じないことである。その結果、組織的連帯や運動の必然性、集団の価値などを否認してしまう結果となる。残るものは孤独な自己が「自己自身であろうという企て」のみである。万人がこの自己自身であるように、まず自分が自己を選択する、という自己実現の運動に階級闘争を還元しようとしても無益である。集団への方向をもたない孤独な個人を、たとえ幾万人集めても、それは集団とはなりがたいからである。

しかし、反面、人間としての尊厳を守ろうとするサルトルの自由観は、一つの側面として深い意味をもつものなのである。万人の虚偽に対して一人の真実をゆずりわたさないという、ロマン＝ロランの「クレランボー」は、よく「万人に抗する一人」の尊厳を守った。いかなる強制に対しても個人の人間的尊厳をゆずりわたすべきではない。この人間的尊厳が正しい歴史観、社会観と結びつくべきであるという条件を加えたうえで、この立場をわれわれは高く評価するべきであると思う。

『墓場なき死者』

サルトルは一九四六年、パリ解放の翌々年に、あらためて、『壁』で展開した主題を再びとりあげ、『墓場なき死者』を発表する。ここでは、単に実存主義的「限界状況」についての劇化という視点にとどまらず、サルトルが戦争体験をくぐりぬけて来たという点で構成はいっそうと多様なものになっている。しかし、つらぬくテーマは依然として同一である。強制の前での個人の人間的尊厳の問題である。

対独レジスタンスの「マキ」団員がとらえられる。彼らは彼らを待ちうけている拷問《ごうもん》に堪《た》えられるか不安である。やがて、隊長のジャンが、単に村の青年とまちがえられて入って来る。ジャンは仲間との連絡という重要な任務を帯びている。どんなことがあってもジャンを脱出させなければ仲間六〇名の命があぶない。拷問の前で口をわらないということへの意義について彼らはそれぞれ考える。その一つとしては、仲間のため、組織のために秘密を守る、そして自分は組織にとって「必要欠くべからざる人間になりたい」という要求がある。他の一つとして、敵の強制に屈せず、しゃべらせようという攻撃に勝つために口をわらないという要求がある。一方は組織と仲間のために、他方では自分の自尊心のために。

ところが、一五歳の少年フランソワが動揺しはじめる。フランソワがしゃべれば、いままで沈黙を守って来たこれら二つの理由が無効になる。アンリは思いあまってフランソワを殺してしまう。ジャンは叫ぶ。「きみは自尊心からちびを殺したのだ」と。自尊心などもっていないというギリシア人のカノリスは「ちびは死ななきゃならなかったのだ」という。しばらくしてアンリは、ふいに「あれは自尊心からだった」……

とつぶやく。

アンリは沈黙を守り、その代わり自尊心も守って死んで行こうと思う。カノリスは、うその場所を教えて脱出し、また次の行動に参加しようと主張する。アンリはいう、「おれたちは勝ったんだ。おれがせっかく自分でも納得《なっとく》して死んで行こうというのに、なぜもう一度生きろなどといい出すんだ。」カノリスは「助けてやらねばならない仲間がいる」というが、彼は、むしろ目的のために手段を選ばないタイプであり、ふいに、独断的に敵にしゃべってしまう。彼らは脱出できるかに見えたが、敵は全員を射殺してしまう。隊長ジャンのみ脱出に成功したのをのぞいて。

この『墓場なき死者』は、旧作『壁』と比べる時、仲間にとって必要欠くべからざる存在となろうという連帯意識が生じてきたことにある心境の発展がみられる。ここにはサルトルの対独レジスタンスの経験が生きている

「墓場なき死者」初演に際して
中央ミッシェル＝ヴィトゥール

といえる。ところで、この連帯感は、一五歳の少年フランソワを殺害することで守られた。そして、この殺害は敵に屈服する人間を仲間として認めたくない、われわれは屈服せず敵に勝ちたいという自尊心のために行なわれたものであった。こうしてみると、サルトルの連帯感も、意外と個人個人の自尊心によってささえられたものであることがわかる。「彼らの一人一人が、弾圧者に反抗して、何とも救いがないながらも自己自身であろうと企て」るこころみがここにある。連帯感が社会的に価値ある秩序によってつくられるものではなく、個人個人の責任にささえられたものにすぎないという点に依然としてサルトルの限界を感ずることができる。つまり、連帯責任とは一方では単なる状況によって強いられた事実であるにすぎない。この事実には価値もなく、これが社会発展の必然性を体現しているわけでも何でもない。ただ、この事実を個人がひきうけることを選ぶかどうか、選んだあとも責任をもってにないつづけるか否か、この一点の有無によって価値がきまるのである。価値があるから選ぶのではない、選ぶ責任をもったから価値が生ずる、という主観主義がもつ基本的な姿勢がここでもつらぬかれている。

『蠅』

われわれを束縛し、われわれをとりまく状況は無意味であり、無価値である。しかし、それは事実として有る。人間的価値はこの事実としての状況を超越する行為によって生ずる。人間の連帯感は、社会的必然性に依拠することなく、超越する諸個人の共同行動にしか連帯感は成立しない。これが当時のサルトルの思想のすべてであろう。この超越し行動する個人の理想像をサルトルは、戯曲『蠅』で表現する。一九四三年、ナチによるパリ占領下の状況のもとで上演される。この戯曲は題材をギリシア神話に取材しているが、実際には占領の状況に反抗する個人を主人公として登場させていたのである。

主人公はオレスト、二〇歳前後。国王アガメムノンとクリテムネストルの子。三年前、クリテムネストルの情人エジストが国王アガメムノンを暗殺し、以来王位を継《つ》いでいる。オレストはその時国から放逐され、以来アテネの富豪たちに養われ、万巻の書に通じ、自由で拘束のない毎日を送っている。このオレストの姿は、自由ではあっても「わが家」をもたぬ若きサルトルの自画像でもあった。このオレストが、三年ぶりに母国に帰ってくる。ところが、オレストにとって、自分の母国であるべきはずの都市が他人の国のようにみえ、自分はこの母国に市民権をもたぬ異邦人のようにみえる。

ところで、オレストの母国、アルゴスの街々には無数の蠅がよりたかっているのである。この蠅はアルゴス人のざん悔の象徴であり、ざん悔をすることで簒奪者《さんだつしゃ》の行為を是認し、簒奪者の支配に協力していることの証《あか》しなのである。簒奪者が自分の暗殺行為を後悔しているのだろうか。「とんでもない。町全体が彼の代わりに後悔している。量ではかるものだよ。後悔は。」簒奪者は他人の後悔の上に住み、自分は後悔から解放されて、後悔する他人のうえに君臨している。自分の代わりに他人を後悔させ、その後悔を搾取《さくしゅ》している。

このアルゴスの町の状況は、ドイツ占領に協力したヴィシィー政権の「総ざん悔政策」への当てつけである。オレスト＝サルトルは、このざん悔政策に無為不決断でのぞみ、この町が存在しなかったと思いきかせ、この町からそっと遠ざかることもできた。だが、オレストは、すでに無償性のロカンタンではない。すでに行動するオレストに変わっていた。オレストは、「風によってクモの巣から引き離され、地上高く浮んでいるクモの糸のような自由」を精算し、「虚空《こくう》のなかに生きている自由」から別れをつげようと決心する。自分の生まれた町の異邦人であることを止揚《しよう》し、この町の正当の市民となるために、「町に向かって降りて」行く。

「人間の魂のなかで一度でも自由が爆発してしまったら、もう神ですらその男に対して何をすることもできないのだ。」

オレストは簒奪者を殺害し、自分の生母にも天誅《てんちゆう》をくだしてしまう。しかし、オレストは少しも後悔しない。自分の自由で選んだ行為に対して、神ですら評価をくだすことはできない。

オレスト「暗殺者のなかで最も卑劣な奴はそれを後悔する奴だ。」

ジュピテル「オレスト！　俺はお前をつくった。俺は万物をつくったのだ。」

オレスト「お前の全宇宙をもってしても僕の誤謬《ごびゆう》を指摘することはできるものか。お前は神々の王だ。だが、人間たちの王ではない。僕は僕の自由なのだ。お前が僕を創造するや否や、僕はお前のものではなくなったのだ……。」

オレストはアルゴスの人民に向かっていう。「アルゴスの人民たちよ。お前たちは僕の罪がまったく僕だけのものであることがわかっただろう。僕は僕の罪を引き受ける。その罪こそ僕の生存理由であり、僕の自尊心なのだ。」オレストは自由を選び行動した。しかし、オレストの自由はアルゴスの人民には関係がない。人民の自由は人民自身の行動で決まるものであり、オレストの行為で代わりをすることはできない。アルゴス人の代わりにオレストが行為を行なっても、人民が行為をしたことにはならない。オレストが自由の王として国政にとどまっても、人民が自分で行為をせず、王の自由につかえるだけだったら、自由が一人一人の自由によってになわれず、単にそれが強要された自由にすぎないものだったら、支配している自由につかえるだけだったら、その瞬間自由は自由でないものへと変質する。オレストは王としてアルゴスにとどまることを拒否する。

「僕は土地もない、臣下もない王になりたい。さようなら、諸君。生きようと試みてくれたまえ。」

『唯物論と革命』　一九四四年八月二四日、ついにパリは解放される。翌四五年、サルトルはコンドルセ高等中学校の職をしりぞき、さかんな文筆生活に入るのである。同年、長く計画されていた雑誌『現代』が発刊される。創刊号に「創刊の辞」を発表。また「実存主義はヒューマニズムである」と題した講演を行なう。この二つの発言には、その時代のサルトルの考えのほぼすべてが要約された形で表明されている。ここで「全的に束縛され、しかも全的に自由な人間」の像が提示されている。「創刊の辞」では次のようにのべられている。

「人間はその状況によって全的に条件づけられているにもかかわらず、他に還化しえない不確定の中心でありうる。」

「状況というものは、人間の自由がこれにある意味を負わさないかぎり、それ自体としては可もなく不可もないものだ。」反面、

「この自由なるものを、人間本性の形而上的力と見てはならない。それはまた好きなことをしてもよいという許しではなく、鉄鎖につながれてもなおわれわれに残る何か内心の隠れ家というようなものでもない。人間は好き勝手のできるものではない。人間は自分のあるところのものに対して責任がある。これは事実だ。」

また『実存主義はヒューマニズムである』のなかで、次のようにのべている。

「私の選択は気まぐれとはまったく無縁のものである。もしこれをジイドの無償の行為の理論そのままだと思うものがあれば、それはジイドの主義とこの主義との大きな違いを見ないからである。ジイドは状況とは何であるかを知らない。彼は単なる気まぐれによって行動するのである。それとは逆にわれわれにとって、人間は組織化された状況のなかにあり、彼自身そのなかに束縛され、自分自身の選択によって人類全体を束縛する。」

一九四六年、状況内にいるものの超越というテーマを主軸として『唯物論と革命』を発表。ここでサルトルは被支配者の労働者こそ状況下にある存在であると規定し、支配階級の「善」という価値に反抗するために、「存在する権利なくして存在している」ものとしての「自然物」と一体化しようとすると主張する。

「自分を自然物だと知っている人間は、もはや決して先天的な道徳によってごまかされえないのだ。この時、唯物論が援助の手をさしのべる。」

このようにして、サルトルは、唯物論を、ある一定の状況下にあるものの思想であると考えるのである。したがって、その状況をのりこえて行くものにとって唯物論はもはや真理ではなくなるといった次第となるのである。サルトルによると、革命とはこの状況を超越することであり、したがって、自然法則の世界に対して「人間的秩序」を対置することなのである。サルトルの革命の思想とは「反自然」の表現である。「人間的秩序を建てようとしていること、この秩序の法則はまさしく自然法則の否定にほかならない」ものなのである。革命家にとって、

「将来の秩序が一つの価値として働いている。」「彼自身はこの将来の秩序を享受《きょうじゅ》することはできないが、しかもこの将来の秩序は彼のすべての行為を正当づけるのである。実際、価値とはまだ存在していないものの呼びかけでなくていったい何であろうか。」

サルトルにとって、価値ある人間的秩序の世界とは、社会の自然法則を否定し、これを超越する人間主体によってもたらせられるものであり、しかも、「まだ存在していないものの呼びかけ」という形をとるものなのである。この時代のサルトルのマルクス主義理解は、だいたいこの程度のものであった。唯物論の立場では、社会にも自然と同じような法則が支配していると考える。この社会法則の矛盾を洞察し、これを解決して行くことに人間の自由があると考える。この行為は人間の意識的能動的実践によって果たされるもので

はあるが、決して「反自然」的投企ではなく、自然法則の洞察にもとづき、この自然法則に依拠した、この自然法則の発展による自然法則の支配が自由の内容である。「まだ存在していないものの呼びかけ」というものは、決して、「反自然」的意識の企画ではなく、社会必然的自然法則の将来の発展への科学的予見にもとづくものなのである。サルトルの『唯物論と革命』が、出版当時、マルクス主義の立場から激しく攻撃されたのはゆえなきことではないのである。サルトルのマルクス主義理解はきわめて一面的で、自己の革命観から勝手につくりあげられたものにすぎなかった。

『汚れた手』

このようにサルトルの唯物論理解は一面的なものであったとはいえ、サルトルはきわめて積極的に政治的活動に打ちこみはじめるのである。一九四七年、『文学とは何か』を発表し、「束縛された文学」の立場を確立し、翌、一九四八年、革命家を主人公とした戯曲『汚れた手』を発表するのである。

人間的秩序を「反自然」的につくりあげなければならない。しかし、だからといって「人がこの秩序をつくりうるのはまず自然の命令に従うことによってのみであることを理解しなければならない。」サルトル的革命家は状況を超《こ》えるものであっても、その状況認識をどう行なうか、これによってその革命家の投企の内容も大いに変わってくる。

ここに、状況認識をめぐって、大別して二つの立場が考えられる。その一つは、その個人が属しているきわめて狭い範囲の個人的環境を問題とする場合がそれであり、他の一つは集団や階級闘争が発展する、社会全体の進行する情勢を問題とする場合がそれである。わが国の唯物論哲学者寺沢恒信氏はその著書『サルトルとカミュ』のなかで、サルトルの状況という概念は個人中心的な概念であるとのべている。サルトルが状況という場合、一人一人の個人が関係している環境であるにすぎず、たくさんの個人を一つの方向にまきこむ社会的・歴史的事件、たとえば戦争をめぐる社会的情勢などはここにふくまれていないのである。つまり「サルトルの思想には『状況』という概念はあるが、『情勢』という概念がない」と寺沢氏はいっている。サルトルにとって「状況」とは、個人をとりまく個々ばらばらの社会環境であるにすぎないから、社会必然的な法則をもって客観的に存在するものではなく、それぞれお互いどうし偶然で一貫性のないものと考えられている。したがって、マルクス主義でいう客観情勢は、このころのサルトルにとっては存在しないものなのであり、したがって認識不可能のものと考えられていた。サルトルはいう。

ベルリンにて

「戦争はそこにある。いたるところにある。しかし、その総体を計算するものは誰もいない。それができるものは神であろうが、神は存在しない。」

サルトルは、そことあそこで、ときどき、「ふいに、戦争をちらりと見る」ことができるだけで、戦争という社会必然的事件の総体を誰も認識できないと考えるのである。マルクス主義では客観的情勢の存在を前提とし、さらにこれの認識は可能であると考える。この情勢の客観的洞察をもととして人間の社会的行動が行なわれる。ところが、客観的情勢が認識不可能で、ただ個々の状況の認知だけに従って、この状況をのりこえようとするサルトルにあって、その実践行動は、結局、個々バラバラの偶然な諸動作以上のものとはなりがたいという欠点をもつものとなるのである。

サルトルは『汚れた手』のなかで、情勢分析に対処する三つのタイプの人物を登場させている。

(i)　社会の条件をよくみようとはせず、自分の主観的理想にのみ従って行動しようという人物。主観的原則に固執《こしゅう》するインテリ肌の空想主義者、ユーゴ。主観的に信奉した究極的目標を条件のいかんにかかわらず主張する。

(ii)　個々そのときどきの「状況」に応じて、その時、その場所にのみつごうのよい政策を利用するタイプ。サルトルの「状況」概念によると、個人のそのときどきの環境への対処がすべてであるから、諸状況をつらぬく一貫性、客観的必然性にもとづく原則などはそもそも考えられないのである。したがって、それぞれの政策どうしの関係は偶然なのである。そのときどきの現実的政策のためには原則違反も辞せず、という便利主義者ルイ。権謀術策、駈《か》け引き、非原則的な妥協、目的のためには手段をえらばずといった態度。

㈢　原則貫徹の立場に立ちながらも、そのときどきの政治的妥協を柔軟に包括し、また逆に個々やむをえぬ妥協を通じても原則を実現しようとするエドレエル。

さて、サルトルは、この『汚れた手』を書いた当時、哲学的には主観的原則主義ユーゴに近かったとしても、むしろ、この立場に不満を感じつつあり、この立場から脱皮しようとしていたと考えられる。『汚れた手』は、主観主義者が手を汚さねばならないような現実政策のなかで挫折する姿を描くことにねらいがあったといわれている。その点『蝿』のオレストは、挫折する革命家ユーゴへと転身している。ユーゴの対極にサルトルの理想像として考えられたのがエドレエルである。

ここで戯曲のストーリーのくわしい説明は省略して大要を紹介すると、舞台は東ヨーロッパの一仮想国イリリ。共産主義的政党の政策決定をめぐる対立が事件の発端である。ドイツ軍は全線にわたって退却をつづけ、ソ連軍はイリリ国境四〇キロの地点にまで近づいている。エドレエルはソ連の接近を容易にするため、またソ連によるイリリの解放の後、政権を維持して行くため、一時的に反対党との政策的協力が必要であり、このことによってかえって社会主義国イリリの建設のために有利な条件をつくることができると考える。ユーゴは政策的妥協自体に反対である。ルイにとって、自分のひきいる労農党とエドレエルがひきいた民主社会党との統合によってできた現在の党のなかでのエドレエル派の進出に不満である。それがエドレエル反対の一つの大きな動機となっている。ルイはエドレエルを暗殺するという前時代的、アナーキスト的手段を使ってまで自己の立場を守ろうとし、その使命をユーゴに課す。ユーゴはエドレエルと接触するが、エドレエルの思想的深さに打たれ、エドレエルのほうがむしろ正しいと思うようになる。

エドレエル「君たちインテリは純粋さを口実にして何もしない。何もしないこと、じっとして手套《てぶくろ》をはめていること、これが君たちの理想だ。わしは汚れた手をしている。肱《ひじ》まで汚れている。わしは両手を糞《ふん》や血のなかにいれたのだ。それで、清浄潔白に政治をすることができると考えているのか？……君は人間を愛していない。原則しか愛していないんだ。」

ユーゴ「僕が党に入ったのはその主張が正しいからです。それが正しくなくなったとき僕は脱党します。あるがままの人間には関心はありません。僕は将来ありうる人間にのみ関心があります。」

エドレエル「わしはあるがままの人間を愛する。」

主観的原則とあるがままの現実。本来的な原則とはあるがままの現実の洞察からつくられるべきなのに、ユーゴにとって自分を守る思想的信条以外の原則は認められない。ユーゴはエドレエルのいう現実の力にめざめはじめるが、エドレエルがユーゴの妻と親しくしている場面に出くわし、二人の関係を誤解して、偶然から思わず引き金を引きエドレエルを射殺してしまう。

ところが、やがて、ソ連軍との連絡がとれるようになってみると、ソ連軍は軍事的理由から、むしろ、エドレエルの主張する反対党との政治的妥協をのぞんでいたことがわかる。この妥協が成立すれば、ソ連軍はこの反対党の軍隊と戦う必要がなくなり、少なくとも一〇万人の生命を失わずにすむことになるからである。

ルイが指導するようになっていた党は「政策を変え」る。エドレエルは、今度は正しい予見をもつ指導者と再評価されるようになる。しかし、この政策転換を前にして、ユーゴは自分の「暗殺行為」が「女のことで殺された男」エドレエルをつくり出すにすぎないのなら「恥の上塗り」になってしまうと考える。「エドレエルのような人間は偶然によって死にはしない。彼はその思想のため、その政策のために死ぬ男だ。自分の死に責任を持つべき人間だ。」ところが、ソ連軍との連絡がとれなかったとか、女性関係での誤解とかの理由で彼は死を招いた。ユーゴはエドレエルを尊敬し、正しさを心から信じはじめていた。ところが、エドレエルを信じも尊敬もしない人物が、個々の政策上の理由から彼を暗殺しようとしたかと思えば、反転して英雄に祭りあげようとしている。ユーゴはエドレエルを通じてわかりかけてきた現実的原則の名誉を守ろうとする。同時にエドレエルという人格の名誉を守ろうとする。エドレエルの真の権威を守ることは、ルイに代表されるそのときどきの利害に生きる便利主義を批判することになろう。ルイはエドレエル暗殺という事実をかくし、エドレエルを「偶然によって殺された男」に仕立てようとする。しかしユーゴはエドレエルを偶然に死んだものとして、死因をあいまいにしたまま英雄に祭りあげるより、その死因を明確にして政策上の対立の犠牲となって死んだとすることのほうがよりエドレエルの死にふさわしいと考える。ユーゴは叫ぶ。

「もしも僕がみんなの前で、あれは僕の犯罪だと主張し、必要な償いをすることを承知するなら、そのとき彼は、彼にふさわしい死に方をしたことになるんだ。僕はまだエドレエルを殺さなかった。まだだった。いやいまこそ僕は彼を殺すのだ。僕といっしょに。」

オルガ「帰って、帰って！」
ユーゴ「回収不能だ。」（幕）

行動家と闘士

サルトルは『汚れた手』を発表した年（一九四八年）、共産党から一線を画した左翼の組織、革命的民主連合に参加するのである。しかし、この組織はいつしか共産党批判の組織へと右傾化し、一九四九年に開かれた「組織と戦争に対する抗議大会」には、サルトルはメルロー＝ポンティとともにその右傾化にみきりをつけて出席を拒否した。これにより、革命的民主連合は事実上崩壊し、六月には解散となった。一九五〇年に、サルトルは『冒険家の肖像』と題する序文を発表し、政治に対するサルトルの考えを一応集約した形で表明するのである。

ここではじめてサルトルは、状況をただ主体的にのりこえようとするタイプの人物、オレスト――ユーゴに加えて、状況のもつ客観的必然性、組織がもつ政治目標に従って行動しようとする人物像（ルイからエドレエルまで）を理論化された形で提示するにいたるのである。サルトルは、ここで、自己の主観的意図にのみ従って行動する人物を行動家とよび、社会や組織の運行の必然性や政治的目標に従って行動する人物を闘士とよぶのである。サルトルによると闘士は、「ある目的を自分にあてがい、これを徹底的に意欲する必要がある。だがその際は、本質的なのは目的であって行為ではない。行為は目的を達するための単なる手段にすぎない。彼は理解した、彼のさまざまの欲求は社会主義社会の到来によってしか満たされないであろうことを。そして、目的と同時に彼自身も変貌する。彼のうちで、また彼を通じて、『党』がこの絶対目標の実現に努めるのである。人が彼のうちに認める独自性とは、この目標の実現のためにつくすという独自な意志にほかならない。……それは事業と名づけるべきである。この作業は否定の側面を含んでいる。というのも、戦いを挑《いど》み、旧社会を覆《くつが》えし、妨害を打ち砕き、障害物を取りのぞかなければならないからだ。しかし、全体としては、そこに、肯定的な建設を、新しい社会形態を組織的前進的につくり出してゆく建設作業を見るべきである。」

これに反して行動家にあっては「目的は行動そのものとなる」のである。行動家は「自己を救うために行為し、行為するために目的を選ぶ。目的は彼の行動を正当化しさえすればよいのだ。ただし、彼の根本的投企は否定的である。」ここで否定的というのは現存する秩序に同化することによってではなく「独自性という点において自分を人に認めさせせよう」とするということである。

もちろん、サルトルは「行動家か闘士か、私はこのジレンマを信じない。一つの行為が二つの面、すなわち冒険的（行動的）な否定性と、規律そのものである建設性とを備えていることを、私は知りすぎるほど知っている。必要なのは、否定性、自己批判を、規律のなかに回復することである」といっている。つまり、行動家と闘士とは統一的に把握されねばならない。次に闘士は同時に行動家の側面も身につけているべきである、ということになろう。サルトルはここで多分に行動家のほうに愛着をもっていることは確かだが、他方闘士の正しさも肯定し、これの勝利を望んでいる。

「私は行動家にこそ真の敗北を、いいかえれば闘士の勝利を心から願うものだ。闘士が勝利をおさめることこそ道徳的であり、そのうえ歴史過程に合致している。彼はいかなる点においても正しい。彼は自己を振り返ることなく『党』に身を捧げ、与えられた仕事を過《あやま》ちなく遂行《すいこう》し、仲間たちはすべて愛した。そして仲間の一人が、過失を犯し『党』から追放されたときには、もう仲間ではなくなるので、この男を愛することを即座にやめるのだった。彼が建設しようと望んでいた社会こそ正義にかなう唯一の社会なのである。行動家は過っていた。エゴイズム、自負心、自己欺瞞《ぎまん》、ブルジョワ階級のもつあらゆる悪徳を彼は備えている。」

という。ところがサルトルはつづけて「しかしながら、闘士の勝利に拍手を送ったのちに、私がつき従うのは行動家の孤独の道である」と結ぶのである。

とにかく、サルトルが客観的基準に従って行動する人間像を、はじめてここに理論化したことは特筆にあたいする。だが、両者をあまり極端に類型化しすぎ、それぞれのタイプを希望のないものにしてしまったきらいがある。組織の規律に生きる「闘士」にあっても、組織内での民主的討議の自由、組織決定への選択の自由、組織的集団のなかでの個人的自由などのいっさいを否認して、何もかも自己否定的に規律に一体化するものと考えてしまっている。個人の自由、個人的目的といえば、組織の外からの「否定作業」以外にはないと考えてしまう。組織の前進は社会主義社会の建設であることは確かだが、このことは同時に民主主義の最大限の開花にもとづき、その人個人の個人的目的の実現の場の、最大限の拡大を可能とする社会の建設に等しいと考えるべきである。サルトルのように、組織的行為と非組織的行為とを最初から区別しておいて、「行動家か闘士か、このジレンマを信じない」といったところで、二元論的分裂はなくならない。

『汚れた手』が発表当時コミュニストから不評であったのも、組織人と行動家（ユーゴ）を機械的に分離し、人間不在の組織決定とテロリズムとをもって、あたかも唯一の組織的解決であるかのごとき問題設定を行なった点に原因があったように思われる。もちろん、組織のなかで、行動家の要素をどう正しく継承して行くべきかという点に関しては、必然性の認識をめぐる諸個人の判断の自由、民主的討論と論争の活発化を前提とした個人的選択などの側面をどう位置づけるか、それ自身どう組織的制度の問題として保証するべきかという形で、現代のわれわれの課題となっているといえる。しかしサルトルのように、組織といえば個人をかえりみない暗いものときめてかかり、個人といえば組織の外からの否定作業と思いこむのは一面的である。組織自身を明るいものにして行くこと、民主的討論と個人の基本的人権を尊重する集団、「個体と類との闘争の真の解決」(マルクス)としての共同体の成立、これがわれわれの希望である。

■ 客体化された自由

変貌するサルトル

カミュ・サルトル論争

とはいえ、一九四九年〜五〇年といえば、国際情勢からいっても、かなり暗い時代であったことは確かである。五〇年六月、朝鮮戦争が勃発《ぼっぱつ》。スターリン（一八七九〜一九五三）が存命で、いわゆるスターリン時代の後半期にあたり、民主主義からの逸脱《いつだつ》ということで後日批判の対象となるような事態が存在した時期であった。いきおいサルトルも、その時代の影響を受けて暗い状況認識に傾くきらいがあった。フランスでは、ソ連における強制収容所の存在の有無をめぐる論争がおこる。ロマン＝ロランはその存命中、革命勢力のなかでの人間的道徳の尊重を主張しつづけると同時に、いかなることがあろうとも革命の祖国ソビエトの擁護という立場をつらぬいた。ファシズムとの抗争という情勢がその態度を裏づけていた。では、朝鮮戦争という現実のなかで、サルトルはどのような態度をとったか。サルトルが主催する『現代』五〇年一月号に『ソ連と収容所』と題する論文が発表される。ここで、一方では、もし「二〇人に一人の市民が収容所にいるとすれば、社会主義は存在しない」と警告を発しつつ、他方「ソ連社会は現在の力関係のなかで、搾取《さくしゅ》の形態に抗してたたかう側に位置づけられる」として、ナチの収容所と区別しなければならないと説いた。

しかし、このサルトルの発言はあまり説得性をもたなかったようである。ファシズムの到来を前にして大同団結を訴えるロマン＝ロランの叫びとはどこかそのひびきがちがっていた。すでに時代がちがっていたといえる。すでに潜在的に「スターリン批判」は社会的要求となっていた。五三年スターリンは没し、しばらくして強制収容所は廃止され、一九五六年、ソ連共産党二〇回大会で正式にスターリンのいくつかの逸脱が批判された。

しかし、一九五二年を境として、サルトルの歴史への参加はいっそう積極的なものとなるのである。いままでは歴史の外の宙に浮いた自由に生きていた人間が、どのように歴史に束縛されたか、という主題のなかに生活していた。だが、いまや、サルトルにとって、歴史に首までつかっている、という事実が出発点である。この歴史的現実のなかで、歴史的現実的な手段をつかって、いかに進歩と反動のたたかいを進めるかが主要なテーマとなっていくのである。いまや、自由か歴史的現実への参加かではなく、歴史的現実のなかでいかなる政治的立場に立つかが問題となったのである。

このサルトルの態度をいっそうかたいものとした、そのきっかけとなったものとして、長い間親友であったアルベール＝カミュとの論争をとりあげなければなるまい。カミュとの論争は『現代』誌上で、一九五二年にかわされたものであり、テーマとなったものは歴史的現実とそれへの参加をめぐるものであった。

戦争となり、カミュも敢然と抵抗運動に加わった。この経験に対してカミュ自身、「僕たちは『歴史』のなかにはいってしまった。そして、五年間というもの、もう小鳥の鳴き声をたのしむこともできなかった」とのべている。このカミュの態度は、いままで歴史の外に住んでいた人間が、ナチの接近によって、やむをえず歴史に介したというようにみえるとサルトルはいう。ここにカミュの非歴史的態度がうかがえる。自ら歴史の外に位置しつつ、歴史の悪に抵抗するモラリストの態度がうかがわれる、とサルトルはカミュを批判する。歴史のなかで進歩的なものと反動的なものとがたたかい、主人に対して奴隷が反抗するのではなく、主人対奴隷という現実それ自体に対して観念的モラルをたてにして反抗する姿勢がここにある。サルトルは「現在の闘争を、どちらも卑しい二つの怪物の、愚かな決闘としか見ることのできない人間は、すでにわれわれを見棄てているのだ」と激しい言葉で攻撃する。もちろん、カミュも歴史から逃避しようとしているのではない。カ

アルベール＝カミュ

ミュは不断の「歴史的反抗」を問題にしている。しかし、その反抗は政治的反抗をしりぞけ、むしろ、その政治そのものに反逆して「人間の観念を救うために」たたかうのである。

サルトルは主張する。「楽園的自由をまず与えてから、次に牢獄に落しこんだ」といったものではない。「それどころか、はじめから服従的で、生まれながらの奴隷状態から抜けだそうとつとめている自由しか、周囲に見出さない。われわれの自由とは、今日、自由になるためにたたかう自由な選択以外の何ものでもない。僕の同時代人を牢獄にいれるのではなくて、彼らはすでにそのなかにいるのであり、逆に力をあわせてその格子を破ることが問題なのだ」と。

カミュは「歴史に意味があるか、ないか」と迷う。意味があるならここにとどまろう。もしなければ……と考える。サルトルは、このカミュに対して「この男は外にいると思っているものだから、なかにはいる前に条件をいろいろ出すのも当然だ。足のゆびで湯にさわりながら『熱いかしらん？』といっている小娘そっくりで、びくびくしながら『歴史』を見て、ゆびを突込んでから、大急ぎでまた出して、『意味があるのかな？』と考えている」と批判する。確かに「歴史が血と泥だらけの池だったら、僕だってそこに飛び込む前に、それぞれをしげしげとながめるだろう。だが僕がすでにそのなかにいるとしたら、どうなるだろうか。」

「歴史には意味があるか、と君は尋《たず》ねる。僕にとっては、こうした問いが無意味だ。なぜなら、歴史はそれをつくる人間の外にあっては抽象的な概念にすぎず、問題は歴史に意味を与えることなのだ。」

サルトルは、現代に生きるわれわれにとって、歴史的現実に対して人間性一般を、現実的圧政に対して自由の観念を対置しても、すでに時代おくれにすぎないと考えた。われわれはすでに歴史のなかにいる。だから、歴史のなかでわれわれの「歴史的条件」を選ぶ以外にはない。サルトルは親友カミュに「君が君自身であることを望むのなら、君が変わらなければいけなかったのだ。ところが君は変わることを恐れた」と批評する。そして、辛辣《しんらつ》な口調で「一九四四年には、君の人格は未来であった。一九五二年には、それは過去である」と論断したのである。

かくしてサルトルは、カミュとの論争をへながら自らもまた変貌していったのである。非現実的な自由と歴史的現実、というテーマ圏から脱し、歴史的現実のなかでの「歴史的な人間的行動」を可能とする立場を選ぶことへと変貌していった。歴史的現実のなかで一つの立場を選ぶということは、サルトルに歴史のなかでの「階級闘争」を歴史的発展の原動力として承認させることとなった。

『キーン』

このようにして、一九五二年以降数年間のサルトルにとって、探究すべき課題は、(i)階級闘争という歴史的行動をどう把握するか。(ii)歴史過程のなかでの個人的投企の位置をどう把握するか、という二つの課題に集約しうる。一九六〇年に、サルトルは『弁証法的理性批判』を発表するが、ここではじめて、歴史過程のなかでの集団的投企の働きについての論述を展開するにいたるのである。

まず、歴史過程のなかでの個人的投企の位置をめぐって、主体と客体、行為と存在の相互の「回転装置」の構造が研究される。『悪魔と神』、『聖ジュネ』、『キーン』、『ネクラソフ』、『アルトナの幽閉者』という形で、このテーマは一歩一歩深められていく。ここでは個人的主体性という形の自由が一度行動を起こすことにより（起こすべき時に起こさなかったという所為もふくめて）、もはや個人的主体性という形態を保つことはできなくなり、組織の必然的結果とか社会的役割等々の客体化された結果として評価の対象とならざるをえなくなる事情が研究されている。主体的自由は客体化され、客体化された存在へと変質する。

われわれは、かつて、他人の「まなざし」のもとで自分の自由が「物化」される次第について研究した。この他者＝物のテーマは、今度は一段と発展・変質した形で再現される。今度の客体＝物は、一人一人の個人としての他者の「まなざし」によってつくられたもの、つまり「他者のなかでの物化」ではありえない。今度の客体＝物は、個人の主体的自由も組織のなかで別個の意図へとのりこえられ、いつしか一定の、最初思いもしなかった社会的役割と地位のものへと変質する、その事情を中心としている。もちろんこの社会化された、客体＝物もたくさんの個人の「まなざし」にささえられてはじめて存在するものではある。しかし、もはやたくさんの「まなざし」が、この客体をつくったのではなくて、この客体が存在することで逆にたくさんの「まなざし」が呼び出され、組織されたのである。ここでは「まなざし」もまた、のりこえられている。キーンは俳優である。俳優であるかぎり、自分をハムレットなりオセロなりの客体に疎外しなければならない宿命である。観客はキーンを見に来るのではなく、ハムレットを、キーンが演じたオセロを見に来る。観客の「まなざし」が、キーンのハムレットをつくっているようにみえるが、実は劇場という投資場がキーンをハムレットへ変え、観客を劇場へと動員していたのである。自由な市民であるはずの観客は、いつしか

「観客」という社会的役割を演じていたのである。観客は不断に自由な主体としての自分を失い、劇の上演に一体化しなければならない。キーンと観客の共同的行為は、不断に、客体としての上演によってのりこえられてしまう。劇中キーンは頭にくることがあって、ふと真顔にかえり、逆上してわれを忘れ、観客に向かって「黙れ！ ばかやろう」と怒鳴《どな》った。われを忘れて、と書いたが実は、これが人間キーンのほんとうの声であった。ところが、観客は、その声が真実であればあるだけ、げらげらと笑いだす。ほんとうのキーンはもう死んでしまっていたのである。存在するのは「オセロの役でキーンを演じている一人の役者」だけなのであり、ほんとうのキーンは実在せず、「存在するふりをしているだけ」なのである。ほんとうのキーンが見えないのは、観客がほんとうの主体を劇場におきわすれてしまったからであり、劇場が観客の自由を不断にのりこえてしまうからなのである。

この客体＝他者は、他人の前での、まなざし＝他者ではない。この怪物は、他人の前での物化として現われたものではない。これは社会がつくった怪物である。われわれは、この客体＝物を「他人の前での物化」に対して、「社会のなかでの物化」と名づけようと思う。

キーンも観客も、演じ、ながめる等々の人間的行為の自由を保持し、むしろ十全にこれを発揮しつつ、結果としては、これらの行為はまるがかえ的に劇場に吸収されてしまった。劇場という物質的客観的な存在が、キーンや観客の自由を吸収してしまった。キーンは怒り悲しむことのできる自由な主体であるはずだが、今では演じつづけて劇場を存在させつづけることを通じて以外生存する方法はなくなってしまった。

自由の化石

のりこえられたのりこえ　人間的行為の自由な投企が、結果として物質的対象の種々の姿を変質させるが、この変質された物質的対象が、いつしか一つの体系だった力をもつようになり、今度は逆に人間的行為の自由を吸収し、「物が人間活動をすっかり吸収し、それを物質化する」という状態をつくるようになる。サルトルは、人間によって加工された物質関係が、逆に人間活動を吸収してしまう力のことを「必然性」と名づける。この「必然性」は、「われわれの労働を受けた物質がわれわれからわれわれの行動を奪う」ときに現われるものであるが、だからといってこの必然性はわれわれの実践なしに存在しうるものではなく、「物質が物質化された実践」という形をとるときはじめて現われるのである。サルトルは、ある一つの例をひいてこの関係を説明している。たとえば、個々人としての農民が大平原にいどみ、一本の木を引き抜く。これは「伐採」である。孤立したすべての人々が、次々と自由な人間的行為によって、大地の木々を「伐採」しつくす。これは、大地という物質的客体にいどむ人間主体の「のりこえ」行為である。ところが、変化させられたこの大地の条件が、個々の人間を「共通の統一」状態へと投げこむ「洪水」という恐ろしい運命をつくり出したのである。「洪水」という一つの運命は、変化された物質的状態から生まれたのであり、今度はこの運命が、個々人の自由な存在をのみこんでしまった。もとはといえば、この「洪水」は「伐採」という自由な行為が生んだものではあるが、一度「洪水」が現われるや、すでに個々人に自由はなくなり、「洪水」という運命のもとにおびえる以外にはありえず、かつての実践は「洪水」という形に「物質化」されてしまった。この個々人の「分離状態を廃止する物質的全体性」のことを「必然性」とよぶのである。ここでは「洪水」が個人をおいたてる主人となり、「物質にたいする人間の要求（伐採）が、人間にたいする物質の要求（洪水）へとたえず転化していき」、「物質そのものが本質的なものとなり、諸個人のほうは非本質のなかに消失していく」こととなってしまった。「伐採」という人間の「のりこえ」が、次に「洪水」という「必然性」に「のりこえられ」てしまった。「のりこえられたのりこえ」という関係がここにある。

たとえば、労働者は毎日、労働を通じて機械にいどみ、道具的機械をのりこえる。しかし、道具をのりこえ、生産活動を行なうことは、同時に企業を発展させ、資本主義的生産関係をつくり出すことである。資本主義的生産関係をつくり出すということは、逆に無一物の存在としての労働者を再生産することである。労働者は働くことによって、自己の労働者としての状態を再生産しているのである。実践は依然として生産関係の拡大をもくろむ「のりこえ」である。しかし、拡大した資本主義的生産関係は、「のりこえ」の実践的主体としての労働者を「無一物の存在」という状態へと固定する関係を実現する。実践主体は資本主義的生産関係にのりこえられてしまったのである。

サルトルは「罠《わな》」という概念でこの関係を説明する。もし敵が計略して安全にみえるがすっかり地雷が敷《し》設《せつ》されている地点に向かってわれわれをさそいこんだとしよう。われわれは意気も高く敵地へのりこむ。われわれは「罠」を知らない。敵の状況をのりこえようとするわれわれは自由である。しかし、われわれの「実践的自由」は、すでに敵の自由によって指示され、「強力な物質的手段によってささえられた、超越不可能な未来」によってすでにのりこえられている。われわれの「実践的自由」が、ますます意気高く前進すればするほど、いっそうはやく、われわれ自身の破壊という未来へいっそう近づくことになる。敵は「われわれをまんまとものにしよう」としている。大砲の設陣から地雷の敷設にいたるまで、使われた物質手段が、すでにわれわれの自由をのりこえているのであり、われわれの実践的自由は地雷の爆発を実現し、われわれ自身の破滅を実現する手段であるにすぎない。われわれの自由は自由の外観をとっているが、実は設置された物質的手段の実現のための自由、自分を物にされるための自由、つまり「自由の化石」であるにすぎない。

物質性の一元論

『存在と無』のサルトルは、あくまでも客観的事態をのりこえて行く実践主体であるにとどまった。未来性をもつものは、ただ実践主体のみであった。客観的事態は主体を束縛するのみで、これを支配したり、未来を指示したりするものではなかった。しかし、サルトルの思想は徐徐に変化をとげ、客観性の立場を強く打ち出すようになった。『弁証法的理性批判』にいたると、その思想がいっそうはっきりとした形で提示されるようになるのである。ここでは、客観的事態は人間に代わって未来を指示し、われわれは逆にこれに従わなければならないという状態が説明されるようになる。

「機械がその構造と機能とによって、未決定の諸個人の身にこうむる堅固な未来として、機械の奉仕者たちの型を決定し、そのことによって人間たちを創造する。」

「この惰性的未来のさなかで、われわれはわれわれ自身の未来を決定しなければならない。未来は人間によって物にもたらされる限度だけ、逆に物によって人間にもたらされるのだ。」

ここでは、惰性態（客観的事態）の受動的意味（人間的自由の物化した化石）が未来をもつにいたり、人間の代理人となるのである。このような状態の成立は、『存在と無』の段階と相違して、主体と客観的事態との相互否定的媒介が成立した結果である。サルトルは、この媒介の成立によって、客観的事態と主体との二元論を止揚して「人間世界から出発しつつしかも人間たちを自然のなかに状況づける唯一の一元論」の立場をとり、これを「物質性の一元論」であるといっている。

では、サルトルはここで唯物論を承認したのだろうか。そうではないのである。サルトルによると、この客観的事態＝物質性は、人間主体の意識や意志から独立しこれを規制する客観的実在なのではなく、人間的主体の疎外態であるにすぎないのである。人間的主体が何らかの形で固形化され、化石化された結果できあがったものであるにすぎないのである。サルトルは「疎外が存在しうるのも、ただ人間がまず行動である場合だけである。隷属を基礎づけるものは自由であり、外面性の人間関係を基礎づけるものは人間諸関係の根源的型としての内面性の直接的つながりである」という。

しかし、史的唯物論の立場では、たしかに歴史は人間の主体的実践を通じて以外存立しえないが、この実践主体は意志から独立した物質的諸関係（生産力と生産関係の矛盾）を通じ、これに規定された関係を通じて以外その働きを行なうことはできないと考えている。人間主体のなかにも物質的存在の法則が貫徹していると考えるのである。歴史的現実における物質的存在とは人間主体の疎外物ではなく、客観的実在（その存立を意志に依拠していない。しかし、その存在の運動には人間の意志力を必要とする。人間の意志はこの物質的存在とその法則に依拠しながら働きを起こす）であると考えている。

サルトルの「罠」の概念も大変おもしろいものである。かつて、ヘーゲルはその『歴史哲学』のなかで「理性の狡智《こうち》」という概念を提示した。一人一人の個人は、それぞれ自分の利害や情熱にかられて行動しているのであるが、それが知らず知らず歴史全体を動かすことになっているのであり、歴史を統《す》べている理性はそれら諸個人の情熱を利用して自分の理念を実現しているのだ、というのがその内容である。もちろん、サルトルの「罠」はこれと少し内容はちがうが、個人の意図と歴史全体の理念とのギャップをテーマにした点で同じところを感ずることができる。

歴史現象にあって、個人の予測や意欲に反する結果が生起することは多くあることであり、エンゲルスも『フォイエルバッハ論』のなかで次のようにいっている。

「人間は、よし、その歴史がどのようなものになるにせよ、各人が、各自の意識的に意欲している目的をおうことによってその歴史をつくる。そして、これらのいろいろの方向に働く多くの意志の外界にたいする、これらの意志の多種多様の働きかけの合成結果が、まさに歴史なのである。歴史のなかで働いている多くの個々の意志は、たいてい、意欲された結果とはまったくことなる結果を――しばしばそれとは正反対の結果をもたらすものである。したがって個々の意志の動機は、いずれもおなじく、そこに起こった結果全体にたいしては副次的な意義しかもっていない。」

しかし、エンゲルスは、サルトルと同じように、ここで「罠」の概念を提示したのではない。また、サルトルにあっても、「罠」が成立する条件として、個々人が自分の行為の結果の全体について無知であるということが前提となっている。伐採が結果として何をもたらすか、これを知らずに行動する。だから認識されていない必然性は盲目的な運命のような働きを行なう。もし、この条件がちがって、行為の結果の全体が事前に認識されていたならどうだろう。そのときは「罠」は成立せず必然性の洞察にもとづく、必然性の運用が可能となろう。

エンゲルスは「歴史上に行動している人間の外見上の、そしてまた現実にも働いている諸動機がけっして歴史的できごとの終局の原因ではない」とのべ、これら諸個人の動機ではなく、「背後にさらにべつの原動力があって、これが探求されるべきである」といっている。そして、歴史を動かす原動力を個人の動機に求めるべきではなく、「大衆を、諸民族全体、各民族のうちではその階級全体を動かしている動機」に求めるべきであると主張した。生産力と生産関係の矛盾にもとづく階級闘争に、歴史を動かす原動力を求めたのがエンゲルスである。だから、個人がこの歴史の原動力を洞察し、この原動力と一致する形で個人の意欲を形成し、行動した場合、個々人の予測・意図・意欲と歴史全体の進行の結果との間には原則的に不一致はありえないこととなるのである。このときはじめて「自由とは必然性の認識であり、必然性が盲目なのは、それが理解されていないかぎりにおいてである」(エンゲルス)という言葉の意義がわかるようになるのである。

『ネクラソフ』　サルトルが一九五五年に発表した喜劇『ネクラソフ』は、「客体化した自由」ということをテーマに、東西の冷戦とマスコミを諷刺《ふうし》したものである。ネクラソフはソ連の内務大臣である。このネクラソフが急に政界の表面に現われなくなる。西欧側のある反共新聞は、かってなでっちあげ記事を書き、ネクラソフは西欧側へ亡命したと報道する。

ところが、ここに生来詐欺《さぎ》を職としているジ

「ネクラソフ」第4場

ヨルジュが登場する。ジョルジュはこの報道を読み、ネクラソフになりすまし、ひとかせぎしようと思いつく。ジョルジュに接する誰もが、ネクラソフだと思いこみ、ついに、この演じられたネクラソフの本体が何であれ、この演技の個人的意図が何であれ、それにはおかまいなしに、ネクラソフという人物は客観的に存在するようになってしまう。演じられたネクラソフは、すでに報道や政治の客観的関係のなかに組みこまれてしまった。もう演技を中止しても、ほんとうにネクラソフを知っている人物が現われようと、いな、本物のネクラソフが現われようと、かえってそちらのほうがにせ物とされかねない。ネクラソフは、もはやジョルジュではなく、客観的存在なのである。

ジョルジュ「君、ここにある電報を読んでみたまえ。これはマッカーシーから来た電報だ。彼はおれに法廷に証人として立つよう要請してきている。こちらは、フランコ将軍の挨拶状だ。これは、アメリカ果物会社から来たもの、アデナウアーからも一言ていねいな挨拶状が来ている。これはボルジョー上院議員の自筆の手紙。ニューヨークではおれの発表が株式相場を上昇させた。いたるところ、軍事産業のブームだ。とにかく大変なさわぎになってきた。ネクラソフはもうおれじゃない。それは、兵器工場の株主の配当を生み出す名前になってしまってるんだよ。これが客観的事実なんだ。これが現実なんだよ。これに刃向かうことができると君は思っているのか？　たしかに機械を動かしはじめたのは君だ。しかし、君が機械の運転を止めようとするなら、君はこなごなに挽《ひ》きさかれてしまうだろう。……」

最初の意図が何であれ、その行為の結果が単に一個人の動作にとどまらず、ある客観的な連鎖反応を起こし、次々と客観的な事件を生み、ある一つの「歴史的過程」をつくりあげてしまったとき、個人はむしろ逆にこの結果に規制されるようになってしまう。サルトルは、マスコミのからくりを通じて、この客体化された存在の神話を諷刺《ふうし》したのである。このネクラソフという「客観的存在」は、ジョルジュ本人に対して客観的であるというにとどまらない。ネクラソフに会い、彼を意識する万人に対しても客観的なのだ。ネクラソフは、すでに、彼に会うたくさんの人間の意識にささえられて存在する、まなざしの対象ではない。

ネクラソフは、すでに、他人のまなざしの対象物であるにすぎなかった詩人ボードレールとは相違する。ネクラソフは、他人が意識しようとしまいと、すでに政治的存在なのであり、「兵器工場の株主の配当を生み出す名前」になってしまった。ネクラソフは他者の意識にささえられているのではなく、むしろ、ネクラソフの客観的存在が他者の意識を決定しているのである。つまりネクラソフにひとたび会うや、誰もがネクラソフだと思わざるをえなくなるのである。ネクラソフが態度を変えるや、他人の「まなざし」は狼狽《ろうばい》するのである。この「客観的存在」は、すでに「まなざし」の対象物ではなく、たくさんの「まなざし」を組織し、これを支配する物体的力である。これは事物が加える「まなざし」への反逆である。事物の客観的連関が、ネクラソフ＝ジョルジュという怪物をつくり出し、この怪物を追い、ながめる他者の「まなざし」をつくり出した。「まなざし」をしてみつめる万能の主体から観客の演技へと転落させた。他者の「まなざし」は、ここでは主体＝自由ではなく、カメラマンのカメラのレンズ以上の働きをしえないものになってしまった。まさに「歴史過程万才！」である。

『スターリンの亡霊』

一九五六年秋にハンガリー事件が起きた。サルトルはソビエト軍の軍事介入を非難し、この介入を支持したフランス共産党の態度を非難した。では、サルトルは社会主義そのもの、ソ連それ自体、フランス共産党の全体を非難したのだろうか。いや、その反対である。サルトルの立場は、むしろ、これらのもののすべての支持のうえに立ち、自分をも味方とみたうえで、味方の欠点を非難するという態度に終始していた。サルトルによると、ソビエト軍の介入は社会主義がもたらす必然的なできごとではなく、ソビエト、ならびにハンガリー指導者層のなかに存在するスターリン主義的残痕の現われにほかならない。一九五七年の一月に、サルトルは『現代』誌に『スターリンの亡霊』と題する論文を発表し、自己の見解を打ち出したのである。ソビエトの軍事介入、いわばスターリン的亡霊の出現なるものは、いかなる社会的必然性の結果なのか、またそもそもスターリン主義とは何か。

ピカソ筆　スターリン

ハンガリーの動乱は決してファシストの外部からの挑発によって起こったものではなく、ハンガリーの社会にある内的矛盾を原因として起こったものだ、とサルトルは主張する。そして、その内的矛盾とは、ハンガリーにおける指導者層と労働者層との矛盾にほかならない。では、どうしてこのような矛盾が発生したのか。その原因は「超工業化と急速度で進められた農業集団化」によってもたらされた過度の社会的緊張としての官僚主義に求めることができる。そして、この過度の社会的緊張の化身がスターリンにほかならなかった。だから、ハンガリー動乱は、結局スターリン主義を遠因とし、その亡霊的存在が軍事介入の形をとって現われたのだ、というのがサルトルの見解である。では、サルトルはスターリン主義をどのように把握しているのか、この点についてみてみよう。

資本主義的「根源的蓄積」にたとえられるソ連の工業化は、「包囲され、ほとんど完全に農業国であった低開発国」でのできごとであっただけに、「時計の針とは逆に進むこと」に等しかった。この「包囲された要塞《ようさい》」における工業化は、「労働者という身分を離れた」指導者の存在と、工業化をおしすすめる「合理的計算」という名の計画が必要とされた。この指導者と計画との一体化が進むにつれて、反対の極に、「受動的で無意識な客体」としての大衆が形成されるようになった。

同じ時期に、「工業化は人口の大変動をひき起こし、それが農業生産力の増大を必要とした。」政府は農場の集団化を実現せざるをえなくなる。これが富農層の抵抗をよび起こした。「一九三〇年以来、ソ連の指導者はプロレタリアートの名において、敵意を持つ農民層のうえに鉄の独裁を行使せざるをえなかった。」

スターリン主義はこの二つの条件のうえに生まれた。「まず、計画が、それ自身の機関をこしらえる。

それは、専門家と技術家と行政官とからなる官僚制度」である。官僚は計画と一体化する。官僚の物質的・道徳的利益は、計画の実現に依存する。「彼らの個人的野心は、彼らの社会主義に対する献身と区別がつかない。」官僚が存在しつづけるためには、自らの人間的存在を計画そのものへと「自己疎外」しなければならない。各個人があくまでも人格的「統一体」として存在しつづけるならば、集団との完全な同化をさまたげる。各人が個人的存在であるということだけで、不信の対象となり、疑いの眼でみられるようになる。だから誰もが自己の個人性をかくそうとする。「野心とか、自己主張とかは絶対に明るみにでず、暗黙のものにとどまる。計画がそれらを覆《おお》いかくし、吸収してしまう。」「闘争は、たとえそれがどんなに激しいものであっても、客観性という地盤のうえで行なわれるにすぎない。」

ここで、「集団の統一のために、己自身を根本的に否定している者を発見する」必要がある。この社会的統合の化身、これがスターリンにほかならない。スターリンという人物は、すでに人格者ではない。スターリンが代表するのは、「人格の尊厳ではなく、極限にまでおしすすめられた社会的統合」である。「スターリンだけがまじりけのない統一」である。スターリンの個人崇拝は、彼がもつ彼個人の「特別の長所」に対して行なわれたものではなく、「統一化する力としての、現実の統一に、崇拝が捧げられた」のである。各人は集団的統一の代表としてのスターリンへと向かう。したがって、「スターリンへと上昇する運動は、個人性の全面的崩壊」にほかならない。しかし、どの個人もそれぞれの個人性をスターリンほど集団と一体化することは不可能である。この多数性が「不信」を生む。スターリンは、不断に「多数性を服従させる努力をしなければ、多数に打ち勝つことができない」という次第となる。これが「粛清」という形の「恐怖政治」を生み、スターリンはいまや「集団的不信の化身」とならざるをえなくなってしまった。

このようにして、サルトルはスターリン主義というものを、単にスターリン個人のおかしたあやまりとして把握することをせず、低開発国から急激に大工業国へと転身せざるをえない状況が生んだ必然的結果であると考えるのである。

「自分で自分の肉体を噛《か》み破るあの血だらけの怪物、それが社会主義であるというべきか。私は率直に、そうだ、と答える。それは、初期の段階における、あの社会主義の姿そのものであった。だが、おそらくは、プラトンの天界におけるものをのぞいて、そのような形でない社会主義は存在しなかった。つまり、そのような社会主義を望むか、それともいかなる形の社会主義をも望まないか、のいずれかである。」

と論じ、次のように結論づけた。

「『一国社会主義』、あるいはスターリン主義は、社会主義の偏向ではない。それは環境によって強制された迂回《うかい》なのである」と。

第二次大戦後、ソ連は国際的孤立から脱して、東欧の同盟国を得ることができた。ところが「すべてを変えたのは、マーシャル－プラン」であった。アメリカ合衆国は、すぐに、経済的援助の政策を打ち出した。ところがソ連には経済的にそれだけのよゆうがなかった。ソ連は同盟国をひきつけておくために、支配力を強化する方法をとる以外にはありえなかった。東欧諸国の社会主義建設には、「生産計画の共同立案」こそが必要であったのに、ソ連は各国に、ソ連と同じ重工業優先の「一国社会主義」の建設と指導者による強力な支配体制を要求した。「勝利を占めたのは、不信という偏見である。これらの諸国を西欧の圧力から脱却させるだけでは足りず、それらを孤立させ、支配するために分割しなければならなかった。」スターリンは「同盟諸国を、真実の、積極的な連帯性によって自国に結びつける代わりに、ソ連は、ソ連なくしては存立しえない怪物を創造することを選んだ」のである。このようにして、人民民主主義革命は、一種「輸入品」の形をとるにいたった。だから、ハンガリー動乱も、ある意味では、ソ連におけるスターリン主義がもつ内在的矛盾の「輸入」によって生じたものだ、とサルトルは主張するのである。

しかし、非スターリン化の運動は、社会的必然性にしたがって、当然起こるべくして起こった。新中国の成立と大工業の必然的結果としての大量の技術者層の発生という条件が事情を変えた。特に「技術者の役割は、官僚を排除することであった。」不信にもとづく「化身した統一というロマンチックな神話」はもはや必要でない。サルトルは、このようにスターリン主義の要因を分析し、それらの欠点除去の必然性をも展望したうえで、「コミュニズムこそ、とやかくいわれているが、社会主義の可能性を己のうちに依然としてもっている唯一の運動のように思われる」と書いたのである。

客体への責任

『ヒューマニズムとテロル』とサルトル

一九四七年、メルロ＝ポンティーは『ヒューマニズムとテロル』という著作を発刊した。そのなかでメルロ＝ポンティーは、ブハーリンのモスクワ裁判の次第を分析したのである。ブハーリンは政策上のあやまりから論断され、社会主義の発展を阻害し、革命を裏切ったとして、社会主義の反対者として断罪されたのである。しかし、メルロ＝ポンティーによると、決してブハーリンは、革命を裏切ろうと意図したのではないし、資本主義を再興しようともくろんだものでもない。主観的には社会主義のためを思い、社会主義の発展のためよかれと思った政策を打ち出したのである。だが、「主観的潔白」にもとづいて打ち出された政策も、客観的にはよい結果をもたらさず、結論的には社会主義に損害を与えたということになった。この場合、革命家とは、その主観的意図に責任をもつべきなのか、その政策の客観的結果に責任をもつべきなのか。ブハーリンは、むしろ、この客観的結果の責任を問われ、主観的には潔白でありつつ、その政策上の失敗のゆえに「客観的裏切り」としてその責任を問われるはめにおちいったのである。ブハーリンは、この政策上の失敗を自分の責任としてひきうけ、自分は革命を裏切ったと認めるべきであろうか。それとも、確かに政策を打ち出すまでは自分の責任だが、その結果については政策の責任であり、自分はあずかり知らぬこと、というべきだろうか。

ヘーゲルの『法の哲学』のなかで、放火犯の主張をめぐっておもしろい論述がのべられている。放火犯は確かに放火したことを認める。しかし、自分が火をつけたのは、三〇センチ四方の板片で、この板を焼失させた責任は重々感じている。しかし、この板が燃えひろがり、家全体を焼いてしまったのは、板がかってに燃えていった天然現象であって自分の責任ではない、というのである。

ところで、われわれが子どもに「マッチ一本火事のもと」と教える時、火が燃えひろがる自然必然性への洞察を前提とした、客体の運行の全体への責任を問うているのである。革命家の態度もまた、社会の運行の全体への責任がポイントであるべきであって、客観的結果を人間的責任の名においてひきうけることによってのみ、自然必然的な運行を行なう客体も、人間の自由によってになわれた客体となるのである。そのような意味からブハーリンは主観的には裏切る意図はなかったが、革命家としての責任において自分を裏切者として承認したのである。

サルトルはこのメルロ＝ポンティーの思想に強く影響を受けた。サルトルにとって、客体への責任をもつということは客体を人間にとっての客体とすること、客体を無関係なものとしてではなくこれを主体化し、これを自由の名においてひきうけ、になうことを意味した。ただし、ブハーリン裁判は、やはりスターリン時代の歴史の暗さをただよわせていると思う。客観的結果への責任という点においては賛同するが、その責任のとり方が問題である。この責任は客観的必然性の運行の科学的洞察にもとづくものである以上、政策決定をめぐる民主的論争が前提となるべきである。この場合、異なれる政策見解どうしの相互尊重のなかで政策決定がなされるべきであるから、たとえある一つの政策が失敗を招くという結末となっても、対立する見解の者に断罪されたり、処刑されたりするべき性格のものではない。その討論が民主的なものであるなら、一つの政策決定に関して、その討論に参加した全員の（反対者をふくめて）広い意味での共同責任であるべきである。科学的討論によって失敗の原因がただされることが先決である。失敗した政策を打ち出した者には自己批判を前提としたうえで、次の政策への参加を要請するべきであろう。

反面、メルロ＝ポンティー、サルトルの責任のとり方に関して、依然として明確さを欠く点を感ずる。客体が招いた結果、これが思いがけない方向に発展したものであったとしても、とにかく自分が動機となったものへは責任をとる、という姿勢には、科学的洞察にもとづく結果への責任ということ以外の要素が加わっているように思われる。ニイチェの「運命愛」がそうであったように、洞察の有無に関係なく、それが盲目的な結末であれ、とにかく主体がこれをになう、という自由の能動的受容のほうに力点が片よりすぎているように思う。この主体的態度の範囲が、主観内部にとどまらず客体にまでおよんだとしても、客体の合法則的発展に依拠することなく、やみくもに結果への責任だけとってひきうけるというのでは、やはり、ニヒリズムであることに変わりはなく、ただ、そのニヒリズムが「能動的ニヒリズム」に変化しただけのことではなかろうか。

『アルトナの幽閉者』

サルトルは、メルロ＝ポンティーの思想をさらに深め、きわだって大きな決定権をもつ者ではなく、むしろ、組織の一員として命令に服さなければならないような立場の者が、組織（この場合は軍隊）の名において行なわざるをえなかった行為への責任、というテーマによる戯曲『アルトナの幽閉者』を発表した。この作品のきっかけをなしたものとして、アルジェリア戦争においてフランス軍が行なった拷問《ごうもん》、ならびに、この拷問を行なうことを強要された召集兵の苦悩があった。命令で拷問を行なわざるをえなかった召集兵は、フランスに帰国しても、その激しい衝撃により、一種の痴呆《ちほう》状態におちいり、自分の体験を何一つ語らない「沈黙の帰還兵」となってしまったのである。サルトルは『アルトナの幽閉者』を書くことによって、フランスの青年の苦悩にこたえ、同時にフランス政府の侵略戦争政策に対して激しい抗議を行なおうとしたのである。

西ドイツの造船王ゲルラッハ家の長男フランツは、世間には死んだことになっているが、実は、一三年間このかた、自らを一室に閉じこめ、「幽閉者」となっていたのである。フランツは、若い頃、父親がナチに協力したことに反抗して、ユダヤ人を助けようとした。しかし、ナチ親衛隊員に発見され、自分は手足のおさえられている前で惨殺されるのである。自分はどうすることもできなかったのである。

やがて、第二次大戦となり、フランツはロシア戦線に送られる。そこで、パルチザンの拷問が命令される。たとえフランツが、個人的にその命令を拒否しても、彼の部下がそれを行なうだけのことである。フランツは、軍隊という客体に自己をあずけ、この客体に自己のおかされるままにまかせることを選び、自分で拷問をかってでる。だが、その結果はみじめだった。パルチザンは死を賭けて自白を拒んだ。フランツは、軍隊という客体と一体化することを選んだ自分をみじめだと思い、また、その自分をせめた。

戦後、生きのびて祖国に帰ったフランツはこのような惨殺行為をつづけた軍隊、ならびに祖国ドイツの責任をとらなければならないと思う。ドイツ民族は絶滅するだろう。フランツは、祖国の「根絶にたちあわないため」、また無意味な復興にたちあわないため、一室にこもり、自らを「幽閉者」としたのであった。

フランツは、いわゆる戦争を起こした張本人、戦争責任者ではない。しかし、だからといって、戦争を起こした者が悪い、軍隊が悪い、俺はただやらせられたので罪はない、とは考えない。たとえ、被決定者の地位にいても、決定体全体、この客体への責任からのがれられない。行為の動機は何であれ、主観的には反対であろうとなかろうと、客観的には拷問に手をくだした。これに対して責任をもたなければならず、この責任において、客体をになわなければならないのである。

フランツは叫びつづける……

「俺は生きた、生きたのだ！　この俺、フランツ＝フォン＝ゲルラッハは、ここで、この部屋の中で、二〇世紀を双肩《そうけん》にになってこう言ったのだ。俺は二〇世紀の責任を負う。いまこの日も、また永遠にも。」

集団となった自由

『弁証法的理性批判』

全体化された全体性

『存在と無』につづく第二の大著『弁証法的理性批判』において、サルトルは、自由が客体化せざるをえなくなる必然性をえがくと同時に、この客体化をのりこえ、再び人間主体の自由を回復するみちを示そうとした。『存在と無』に説かれた自由観といちじるしく変化をとげた点といえば、『存在と無』では個人的投企に終始していたのに反し、今度は諸個人の集団的投企という形をとるにいたったということがあげられる。さらに、人間の自由な実践と客体化された必然性の領域との相互否定的相互媒介という側面が加わった点にも特色を認めることができよう。

ここでは、サルトルの大著『弁証法的理性批判』の要点を紹介し、各項目ごとに簡単な批評を加えておくこととしたい。同著は、まず、全体的にみて、三つの側面の体系的構成によって成り立っているということができる。(i)構成する弁証法（個人的実践）(ii)反弁証法（疎外された実践と、労働によって加工された惰性態＝実践的惰性態）(iii)構成された弁証法（実践的惰性態の無力さに対立する共同行動）。つまり、最初に個人的行為そのものの弁証法があり、つづいて、この個人性の否定となり、惰性化した集団がある。これが反弁証法の段階である。次に、この反弁証法の段階をさらに否定することによって個人性を、今度は諸個人の共同的実践によって回復するという体系である。個人的実践↓反個人的集団↓諸個人によって構成された集団。

ここに成立した、構成された集団は、一つの全体性を形づくるものとなるのである。ところで、哲学史上、「真理は全体である」と、全体性の立場を強調したのはヘーゲルである。これに対して、「個別性が真理である」と主張したのがキルケゴールであり、この思想が実存主義の源泉をなすものであるといわれている。すると、実存主義者サルトルは、個別者としての立場に立脚することをやめて、ヘーゲル的全体主義に復帰してしまったのだろうか。ここで、サルトルは巧みに、「全体性」ということと、「全体化」ということとを区別するのである。サルトルによると「全体性」とは、「過去の一つの行動の遺跡でしかない」のであり、行為の結果残った惰性体の全体像にすぎないのである。これは「受動的な全体性」であり、無傷に保

慶応ホールで講演中のサルトル

存されたが住む人のいないゴーストタウンのようなものである。サルトルは、こういう抽象的な全体性を、むしろ、実践行為が化石化した結果できあがったものであって、これは弁証法的運動に反する領域であるとしてしりぞけるのである。その意味で、サルトルはヘーゲルのように歴史の奥にいつもかかわらず厳存している理念の全体性を認めるということに反対するのである。その意味でサルトルはヘーゲルに復帰したとはいいがたいのである。

その代わりサルトルが提示したものが「全体化」という概念である。「全体化」とは目下「進行中の統一作用」のことであり、たとえば住居という統一ある事物を生産するばかりでなく、同時に「そこに住まう行動」でもあるのである。「全体化」とは、目下「進行中」の多様な作業のなかでつくり出されつつある「総合作業」のことなのである。諸個人の多様な共同作業によってつくられつつある全体性。この全体化された全体性なる概念は、実存主義者サルトルの、ヘーゲル・マルクスとの対決のなかから生まれ出た一つの解答である。

ただし、サルトルのテーマは、全体性と多様な個別者との相剋《そうこく》という領域に限られている点に欠点がある。マルクス主義の立場から批評すると、全体性の固形化を破るべきものは個別者の側からの反撃であるとは考えない。全体性という場合、一つの不変の全体が存在するというようには考えず、相対立しあう側面のどちらかが支配的地位にあって全体を統合しているというように考える。だから、現在支配的な全体性に対して、将来支配的地位を獲得しようとする勢力が、新しい全体性をめざす力としてつねに対立・抗争している。したがって、現実的には一つの全体性が存在していても、その全体性は、やがて勝利をしめる潜在的な全体性との矛盾・抗争のなかでしか存在しえないのである。ここでは、現存する全体性と潜在的な全体性との抗争があるのである。したがって、古い全体性が惰性化し、化石のようになる、その状態を破棄しようとするなら、新しい全体性の実現をはかる以外にはない。この発展する全体性の法則こそが、全体性の化石化を破る唯一の力である。

それで、もし、社会主義社会におけるように、全体性をめざす二つの勢力が敵対的階級闘争の状態にあるようなことがなくなるにつれて、新しいものと古いものとの闘争も、お互いの進歩をねがう、より友好的なものへと変化していく。しかし、搾取階級は消滅したといえ、いまだ労働者階級と農民階級が存在し、相互に性格の異なる要求をもっている状態では、全体を統合し、指導する力としての、党と国家が必要である。

やがて、将来の無階級社会に達するならば、社会的不一致の基礎自身が消滅するので、もはや国家は不必要となり死滅する。ここでは、全体性の側からのいっさいの強制は不用となり、社会的不一致の消滅にともない、一致へと導く党の指導も不用となる。ここでは、諸個人の自治という形での、全体性と個人との同質化が実現する。

けれども、いかなる将来の社会であろうと矛盾が社会を発展させるという原則に変わりはない。より高い発展をめざすという意味での古いもの（現存する全体性）と新しいもの（将来の支配的地位をめざす全体性）との闘争は、永遠になくならない。ただし、二つの全体性（現存対潜在）との矛盾は、この段階ではきわめて友好的なものとなり、二つの立場はお互いを尊重しあい、討論と相互承認のなかで、共通の全体性が決定される。決定の基準となるものは判断の科学性以外の何ものでもありえない。この判断の科学性という基準以外に、その個人が支配的全体をめぐるいずれの立場にいようと、全体の側からの個人への抑圧はいっさい考えられず、正しいと考えた立場を選びなおすことも個人の自由である。ここでは活発な討論こそが中心となる。全体性と個別性（個人）との同質的一致、発展する全体性（活発な科学的討論の存在が前提となる）と個人の選択との両立、これがマルクス主義の解答である。国家があるかぎり、相対的に必要であった、「権力からの個人の自由」、「全体性に抗する個人の自由」などは、不必要となり、徐々に死滅する。残るものは、諸個人の自治と（科学的判断をめぐる個人の自由を前提とした）全体性と個人との同質化。発展する二つの全体性をめぐる、相互の立場の尊重と選択の自由。

さらに、サルトルは疎外論の立場に立っていることに留意すべきである。疎外論とは事物を不断の発展とみる立場ではなく、何か原型となるべき「始源」が前提とされ、それが次に疎外され失われ、つづいてこの疎外態が止揚されて前提された「始源」に回帰するという、同じものの回帰、不変同一の立場によっているものなのである。もちろん、回帰することによっていっそう質的に豊富化されるが、ここでは不断の変化発展の立場が見失われてしまう。サルトルにあっては、個人的実践（原型）↓反弁証法（原型の疎外態）↓諸個人により構成された弁証法（集団化した形での原型の回復）という体系となる。原型↓疎外↓原型の再現、という体系で前提とされるものは個人的実践であり、一度、原型の再現の立場に達するや、体系としては何ら発展のない状態におちこんでしまう。これは疎外論に共通の欠点である。古くはヘーゲルの体系が、天上の理念↓歴史的現実（自然と社会）↓天上への回帰（絶対的自己意識、他在をふくんだ自己同一、実現した理念）といった閉じた体系にとどまり、不断の発展を本性とする弁証法と矛盾するにいたった事情と似た現象がここにある。ところが、マルクス主義では、不断に発展する全体性の立場に立っている。要するに、サルトルは、個人、諸個人から出発して全体へと迫るのに反し、マルクス主義では、全体を不断に発展する全体性とみて、この全体性の成長と豊富化の度合に応じて諸個人の自由も拡大するものと考えるのである。

個人的実践

サルトルは『弁証法的理性批判』の出発点ともいうべき個人的実践を、欲求する主体として把握した。欲求とは、有機体を養う無機物の不足として感じられる「一つの欠如」である。

欲求は「物質的周辺を欲求充足の可能性の全体的場として開示」する全体性である。しかし、欠如をのりこえようという要求が、有機体をして無機物をのりこえさせる。欠如は一つの否定であるが、欲求は同時にこの不足の否定であり、否定の否定として有機体の積極的肯定である。有機体ののりこえは、不足という有機体の「死の危険」の否定なのであるが、この欲求こそが、「全体性として己をあらわす生きた全体性」なのである。人間が、欲求的人間としての全体性を獲得することによって、全体性の対象が「受動的統一」を受ける。これが「自然」である、とサルトルはいう。

「物質のなかにその存在を見出そうとつとめる有機的存在によって、物質が受動的な全体として開示されたとき、そこに最初の形態における『自然』というものが現われる。」

ここで、サルトルは『存在と無』における「対自」という言葉こそ使わないが、人間的投企の全体性に人間の原型を求めている点で、ある同一の思想のうえに立っているといえよう。ただし、『存在と無』では、「対自」は否定する能動性以外もちあわせていなかったが、「欲求的人

カフェ　ドーム　画家や作家がよく現われるので有名な店、サルトルのすがたもときどきみられた

間」では、自らを有機体として積極的に肯定し、かつ、自らの全体性に対応する「即自」を「自然」という形の統一態で対置させ、かつ、「対自」「即自」の相関を考えた点で一つの進展をみせているといえよう。サルトルは「諸物が人間によって媒介されるのと同じ程度で、人間が諸物によって媒介される」この関係のことを「弁証法的循環性」と名づけている。

サルトルの「欲求的人間」についての批評であるが、まず、人間を消費的欲望の存在として把握して、生産的欲望の存在として把握していない点が問題である。個人の消費的欲望は、むしろ生産に規定された欲望であるはずである。生産的欲求は社会的欲求であって、個人に生来そなわった生物的欲求に限定されない。個人は、むしろ、この社会的欲求を実現するために労働過程に入るのであって、生物的欲求の投企のために労働過程に入るのではない。労働過程では、客観的な法則に従って意志を規制し、この法則の洞察にもとづいて、事態の進展をおしすすめる作業が必要であって、人間が主体的にえがく欠乏の転化のビジョンが労働の目的となるのではない。客観的な生産の法則の洞察にもとづく目的意識がここでは必要であるのに、サルトルにあっては、逆に客観的なものをのりこえる主体的ビジョンが一方的に強調されている。おねだりすれば与えられる、消費の楽園ならいざしらず、ただのりこえるだけの労働で物資は手に入らない。

さらに、欲求的人間が主体的行為として全体性を獲得した結果、「自然」が「受動的統一」の形態で現われる、というサルトルの見解は、人類が地球上に生存しはじめる以前でも、自然は客観的に存在し、かつ、統一ある構成を保っていたという唯物論の見解にいちじるしく矛盾する。人類が月に到達する以前においても月は存在したし、月の存在の法則性は、人間の欲求の「受動的統一」として現われたものではない。自然は人間的欲求の有無に関係なく独立して存在する。結局、サルトルは自然弁証法を認めていないのである。

サルトルは、はっきり「もし弁証法的唯物論のようなものが存在するとするならば、それは史的唯物論でなければならない」といい、自分が認める唯物論のことを「内からの唯物論」と呼ぶのである。このサルトルの立場は、自然弁証法の存立を独断論とみて否認し、人間と自然との相関関係のなかにのみ弁証法を認めるという史的唯物論主義の立場に立っているといえよう。問題となるのはサルトルは史的唯物論をどのようにみているのか、という点である。まず、サルトルは歴史をつらぬく弁証法のことを「全体化しつつある多数の個別者によって行なわれる具体的な全体化作用」であると考える。ただ、そこで「唯物弁証法」が意味をもつのは、「人間の実践によって見出され、身に蒙《こうむ》られるような物質的諸条件の優位性を、人間歴史の内部で確立する場合だけ」であるという。つまり、サルトルによると、歴史は人間の実践によってのみ成立するのだが、この人間的行為がつくられたものの力の反作用を「身に蒙る」かぎり、「唯物論」が成立するということになる。要するに、サルトルにとって歴史そのものは物質的法則にもとづいて発展するものではないのである。またこの法則に依拠し、これの洞察にもとづく人間的実践が歴史を発展させるものでもない。人間主体の実践的投企が疎外され、化石化し、主体がその反撃を「身に蒙る」かぎりにおいてのみ「唯物論」が存在するのである。サルトルの「史的唯物論」なるものは、結局、諸個人の主体性論に疎外論を接合させたものであるにすぎない。

他方マルクスは『経済学批判序説』のなかで次のように史的唯物論を定式化している。「人間は、彼らの生活の社会的生産において、一定の、必然的な、彼らの意志から独立した諸関係に、すなわち、彼らの物質的生産諸力の発展段階に照応する生産関係にはいりこむ」と。ここで「意志から独立した」という規定が重要である。疎外された結果、意志の身に蒙る物質性を経験するのではなく、歴史には最初から最後まで物質的法則がつらぬいているのである。人間の意志は、この必然性の洞察にもとづく必然性の運用という形以外の発現を行なうことはできない。歴史の弁証法は諸個人の自由意志によって構成されたものではない。その意味でサルトルは、歴史をつらぬく唯物論（史的唯物論）を承認したとはいいがたいのである。

稀少性と反弁証法

では、どのような原因から自由な諸個人の実践は疎外され、物化されなければならないのか。サルトルはここで稀少性という概念を提示するのである。稀少性とは人類に対する食糧の不足のことをさしている。食糧の不足は、欲求的人間に対する脅威が存在することを意味する。「各人の単なる生存が稀少性によって、他者および万人にとっての非生存の恒常的な危険として」現われる。

「純粋な相互性においては、私とは別の他者も、また私と同じものである。ところが稀少性によって変様された相互性においては、その同じ人間が根本的に別のもの（つまり、われわれにとっての死の脅迫の保持者）として現われるという意味において、その同じものがわれわれに反人間として現われる。」

稀少性という条件のもとで、「物質から人間にもたらされるかぎりでの彼と他者との関係は、外面性の関係である。」つまり、稀少性という物質的社会構造は、各個人を「稀少性の要因にしてかつ犠牲者(おまえがいるから不足するのだ、おまえが死ねば不足はなくなる)」として指示するにいたるのである。

ところで、このサルトルの稀少性の論も、一つの欠点をもつものなのである。それは、生産物の稀少性ということと、生産手段の私的独占とを区別していないという点である。現代資本主義社会では、むしろ、生産物は過剰であり、万人がそれを取得しえないという矛盾に悩んでいる。この矛盾発生の基礎は、生産手段の私的独占に原因がある。ところがサルトルは階級発生の原因を生産手段の私的独占に求めず、生産物の若干の剰余の発生をめぐるうばいあいに求める。「全員のとぼしい生存必需量をほんのわずかこえる程度の収穫しか供給しえない間は、その社会はかならず諸階級に分裂する」というエンゲルスの言葉をひいて、生産物の稀少性が階級的分裂を生んだのであって、生産手段の所有が階級的分裂を生んだのではない、と主張する。拙著『サルトルの存在論』のなかで、この問題への見解をのべておいたので、それをここに引用しておこう。

ソ同盟『哲学教程』では次のようにのべられている。「社会的労働の生産性の増大の結果、剰余生産物が現われるようになるまでは、階級は生まれることができなかった。しかし、剰余生産物の出現によってつくりだされたのは、社会が階級へとわかれることの可能性だけであって、社会が敵対的階級へと分裂した直接の原因であったのは、生産手段の私有の出現であった。」確かに、剰余生産物を生むまで生産力が発達することなくして、奴隷の出現をまねくことはできなかった。しかし、このことは直接階級の出現をみちびくにいたらなかった。このことは若干の者を直接的労働から解放し、指揮労働、芸術的労働にたずさわらせることを可能とした。エンゲルスが指摘したのは、ここまでの事態であり、階級的分業ではなく、技術的分業の成立を語ったにすぎない。この技術的分業が階級的分業にいたるのは次のごとき必然性が必要である。生産手段の発達の結果共同労働は不必要となった。家族単位の生産活動が経済的に有利となり、労働生産物の交換が必然的に発生した。生産物の生産は、成員の生存のためばかりでなく、交換の必要のために行なわれるようになり、個々の家族内での生産手段の所有は、指揮労働を行なう者の権限へと移行しはじめる。生産手段の私有が発生するに従って、個々の家族と家族の間、氏族と氏族の間に経済的不平等が発生する。氏族の上層が遊離する。はじめは、単なる司令官、祭司、族長にすぎなかった者が生産手段の管理者から所有者に転化する。やがて、共同体内の経済的に貧困になった成員を服従させるにいたる。はじめ、捕虜《ほりょ》にされた他種族が、のちには借金におちいった同種族の者が奴隷の身分に変えられる。生産手段の私有が階級的分業成立の原因となる。このように、われわれは、サルトルがいうように、若干の剰余生産物、総体的に稀少性という状況のなかでの、万人のうばいあいから階級的敵対の発生を基礎づける考えに反対して、生産手段の私有がその原因であると考えるのである。

さて、稀少性に媒介された人間関係は、相互に外面的なものに変化してしまった。人間は物に宿命づけられ、物の運命が人間の運命になってしまった。人間と人間との関係は、「実践的＝惰性態」へと変質し、稀少性が人間を相互に物化された他者としてしまった。この物と物との「利益」で集められた人間関係のことを、サルトルは「集列体」と呼ぶ。「物のなかでのまったき自己外存在」としての人間は、彼の「物質＝人格」のままで、「外面性の回転する諸法則を身に蒙《こうむ》る」にいたるのである。この人間的実践の物化・疎外のことをサルトルは「反弁証法」と呼ぶのである。この「反弁証法」の立場をさらに「物質性の一元論」ともいっていることは前述したが、この「物質性」の肯定は、けっして「唯物論」の承認とはならず、実践主体の疎外状態として物的なものの優先支配を認めるのにすぎないのである。

構成された弁証法　この「反弁証法」の状態、この「反人間」の状態から脱出する方法はないものだろうか。サルトルは、惰性化した反人間の集まりを「集列体」と呼んでいたが、この惰性状態をしりぞけ、惰性状態の全体に反抗するものとして、あらたに人間の「集団的投企」のみちを説くのである。

「集団とは、稀少性の枠内で周辺物質を支配するための最も有効な手段であると同時に、また人間を他者性から解放する純粋な自由としての絶対的目的でもあるのだ。」

「集列体」は「反人間」の集合であったが、「集団」は自由な人間の「全体化」としての「構成された」全体にほかならない。だから、「集団」は、一方では、惰性態の全体性とたたかう「有効な手段」としての「全体性」であるが、他方、同時に自由な主体の集合的全体化としての「自由としての絶対的目的」でもありうるのである。

必然性は稀少性による人間的相互性の破綻《はたん》、他者的敵対化によっておこるものであり、物質的惰性によって非人間化されることとなるのであった。この必然性からの脱出は、当然、失われた人間的相互性の回復という形をとる。ところが、サルトルにあって、相互性の回復は、稀少性との闘争という形をとるばかりでなく、稀少性が導いた必然性への反逆という、反自然性の性格をもつにいたるのである。サルトルが、自由な人間の集団を、反必然的・反自然的投企として以外把握しえなかったということは重要である。確かに『弁証法的理性批判』のサルトルを『存在と無』のそれから区別する点は、「必然性」の不可避性というテーマを導入したことにある。しかし、「必然性」と人間との連関も、結局は相互否定的なものであるにすぎず、人間的集団が成立する時には、「必然性」は拒否され、否定されなければならないものなのである。この反自然的反必然的自由観という点では、サルトルは『唯物論と革命』の時代から一向に変化していないのである。「必然性」とは「自由の否定」のことであり、自由の回復は「反自然・反必然」的行動となる。ここには、「必然性の洞察が自由である」という、必然性と自由との一致の視点はない。

融合集団

稀少性の必然性とたたかう最初の反自然的集団は「融合集団」である。「融合集団」とは、まったくの自由意志で参加する義勇軍の一致した友情がつくり出す集団のことである。諸個人を統制する実体的な集団的規律があるわけではなく、個々人の実践的自由にのみささえられ、かつ、全員の自由の、友情にみちた「合意」のみが集団を構成する、流動的な集合態である。「友情の黙示録」といってもよい。ここには、純粋に自発的な発想による集団への参加があり、一つの集団がはじまる創設期の感動がある。

だが、しかし、ここで留意すべきことは、この集団の形成も、決して純粋に対人的な関係としての領域で形成されたものではないということである。この集団を形成させたものは、「ただ一つのものへとまとまっていく諸目標をもとにしてなされた」ものなのであり、この集団形成の動機となったものは、稀少性への「恐怖」であった。つまり、この集団の「合意」を形成した同一性は、自然的必然性への「恐怖」から発した防衛行為の同等性なのであり、彼らを同一性に結びつけたものは、むしろ惰性的必然性なのであり、反自然性という形での同一の必然性への対決であったのである。

誓約集団―組織集団―制度集団

さて、融合集団は惰性とたたかうためには、全員の合意が「同時」に存在しなければならなかったが、この「同時」という条件を継続させるためには、集団は何らかの約束か規律でとりきめを行なわなければならなくなる。まず最初に起ることは「誓約」である。どんなことがあっても、「合意」を裏切らない、自分は絶対「集列体」の他者に堕落しない、ということをお互いに誓う儀式が必要となる。まったくの自由意志の同時的合意を継続させるために、自由意志のなかに介入してきたこの儀式は、もはや、自由意志の発露というより、意志に対する規制づけである。けれども、これは意志の合意を守るための、やむをえない、「人工的惰性態」なのである。この「人工的惰性態」は、物質的惰性態とたたかうための、各人の自由を守るための制約なのである。この「誓約集団」にとって、裏切者の存在は許しがたいものとなる。裏切者はさばかれ、粛清されなければならない。粛清とは個人の意志への暴力ではあるが、ここでは合意という友情こそが本質的なものなのであり、その合意に同意し、誓約した者がそのうえで裏切る場合、友情の名においてこれを許すことはできない。

やがて、たとえば、裏切りを罰する司法権が独立して専業となる、という形で、集団が自らの集団を維持するために、専門化した分業を不可欠の要素とするようになると、集団は「組織集団」へと変質する。やがて、集団は全体の統一を維持するために、それぞれの個人的実践を、あらかじめそれぞれの役割として固定化し、全体に向かって位階制を敷き、個人をその枠におしこめるようになる。その時、集団は「制度的集団」となり、個人はもはや、共同体に自発的に参画する個人ではありえず「制度的個人」へと変貌する。制度のメカニズムが、それぞれの役割に応じて物事を決定し、人間はむしろ制度の決定に従属し、人間はいつでもとりかえることができるという具合になる。人間と人間の相互性は、むしろ、他者的となり、不信が相互性の原則となる。不信の体系の頂点に、その集団的不信の化身、スターリンが立つ。

このように、融合集団から出発した集団は惰性態とたたかう自由の規律を守るがあまり、自分をも惰性化し、「化石とたたかうために自らも自由の化石となる」という宿命的循環を経験せざるをえなくなってしまった。サルトルによるとこの組織がもつ惰性化は、必然性に対抗するための「自由の必然性」である。「内面性を基礎づける外面性」としてのこの集団の必然性は、「正確に実践的惰性態の裏」なのである。物質的惰性態は「受動的活動態」と呼ぶことができるとするなら、この「自由の必然性」は「活動的受動態」とでも呼ぶべきものなのである。サルトルは、この惰性態は、惰性であるかぎり物質的惰性と同一のものではあるが、自由の活動を保証するための惰性態であるので、自由と同質である、という。ここでは、必然性のほうが自由に同質なのである。けれども、ここで必然性が同質なのは、過去の「合意」のときの自由に対して同質なのであって、現在支配し君臨している必然性は現在の個人に不断の犠牲を要求するのである。個人は、過去の自由のために、現在の自由を不断に犠牲としなければならない。結局、現在支配し、かつ増大しつづけるものは、自由という名をかりた必然性である。したがって、制度的集団は、物質的惰性態とたたかいながら、ますます、自分を物質的惰性態へと近づけて行くのである。「必然性の支配は、自由によってのりこえられながらも、自由のなかに保たれており、陰険な石化作用として、すなわち集列体という惰性のなかへの再転落として、再生するおそれがたえずあるのである。」

集団の集列体への再転落をおしとどめ、再び、自由な主体の友情を回復するみちは、もう一度融合集団を再現し、現在の制度を爆破する以外にはない。集団とは稀少性とたたかうものであった。また制度とは稀少性の正確な裏なのであるから、惰性化は稀少性のあるかぎりさけがたい宿命である。「自由の必然性」への服従か制度の爆破かである——サルトルの論理は、一つの宿命的悪循環につきあたってしまった。融合集団↓制度集団、再び融合集団↓制度集団、さらにまたまた爆破、またまた制度、そしてまた……。つくってはこわし、最初の友情への、つかの間の激しい回想に泣く。

サルトルの集団論には、大別して三つの欠点があると思う。その一つは、集団といい、相互の合意といい、それらはあくまでも稀少性という外的運命へ対処するための一致にすぎなかったということである。だから、意外とそこには内面的統一の原則はなく、単なる対抗集団に終始してしまっているのである。次に、サルトルは稀少性と不断にたたかってはいるが、原理的に稀少性そのものを消滅させるという展望がないことである。サルトルの集団は、反自然的投企の集団であるから、ただ自然を拒否するのみで、自然に立脚しこれを変革するという方策をとりえない。対立物の統一とは、対立するものを包括し支配することである。しかるに、サルトルの弁証法は、単なる相互否定にとどまり、対立物の統一の法則がない。したがって、稀少性という条件そのものを単に拒否するのではなく、これを消滅させ、稀少性とたたかう必要性自体を消滅させるという展望が全然見失われてしまう。稀少性のあるかぎり、なんど制度を爆破しようと、自由の化石化はさけうべくもない。最後に、サルトルは集団の制度化＝化石化という見解に宿命的に固執している。これは、サルトルが弁証法を、自然と人間との間にのみ作用するものと考え、制度自身に内在する矛盾の法則を認めない点に欠点があるのである。たとえ集団が制度化されたとしても、その制度自身、制度に内在する矛盾によって発展し、対立する側面相互の闘争によって、不断に古いものから新しいものへと発展するものなのである。制度＝無矛盾、一枚板の化石という見解はまちがいである。また、社会主義とは、矛盾解決の適時性をその社会の本質としているものである。矛盾解決の適時性という原則が守られているかぎり、社会主義における官僚主義の発生は宿命的ではない。逆に、この原則が守られない状態のもとでは、社会主義においても官僚主義の発生は起こりえないとはいいがたいが、このことは社会主義にとって、むしろ、非原則的できごとなのである。民主主義的討議によって、社会の矛盾が解決されるところでは、官僚主義の発生はありえず、同時に、サルトルのいう制度の爆破の必要もありえない。

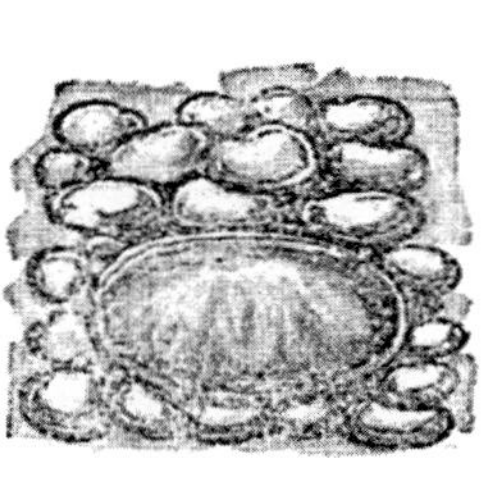

サルトルの実存主義

『存在と無』の頃

サルトルの実存主義は、その変貌の段階を大別して二つの段階に、つまり『存在と無』の段階と『弁証法的理性批判』の段階に分けることができる。もちろん、それぞれの段階をさらに細分して各小段階を区別することができるが、その点については、小著全体で論究してきたことであるのでここではふれる必要はなかろう。

『存在と無』までの、実存主義としてのサルトルの思想は、個人的投企による対象ののりこえに特色を求めることができる。対自という形で提示された意識の分裂も、結局、過去の自分をのりこえる現在の自分、未来の自分の提示なのである。ところで、サルトルの実存主義の特色は、個人的・個別的投企の動力を浮き出たせ、個人的存在がもつ独自性と責任性、つまり個別者の自由を浮き出たせた点に特色があるといえるが、このことは逆にいうと、存在としての個別者と意識としての個別者との区別と連関を問題として提示したことになるといいうる。サルトルの実存主義は、存在としての個別者と、この個別的存在への明証的なる意識との統一性に特色がある。サルトルの現象学は、「現象学的存在論」といわれているが、個別的存在を個別性のままでとらえる意識はどうして成立するのか、ということがそのテーマであったといいうる。認識とは一般化であることが多いが、サルトルは、むしろ、これを反省知としてしりぞけ、その固定化から「浄化」して、対象を志向する状態のあるがままの意識、個別者がいだく個別的意識をあるがままに把握しようというのがその意図であった。意識の反省的把握を「浄化」して、意識に密着した「了解」という、一種「自覚」に近い態度がここにある。もちろん、サルトルの意識は、単純に対象志向的ではなく、対象で「ない」もの、としての否定、「無」を存在にもたらすものであり、存在と意識との統一は至難《しなん》の業《わざ》として成功せず、「空《むな》しき受難」として終始するものではあった。しかし一般に、存在としての個別性をおう実存主義が同時に、その個別性の明証的な意識でもあろうとする、この個別性における存在と意識の併立を完成した点に、実存主義のなかでのサルトルの独自性があると思う。また、この意識と存在との併立が、のぞまれつつ果たされない、ということは、サルトルの意識が存在を虚無化する自由の意識であるという点に原因がある。「存在と無」とは、存在と意識との間での、二者の統合をねがいつつ、それが果たしえない、自由とその挫折のドラマであったのである。

つづいて、サルトルが提示したもう一つのテーマは、一人の自由が他人の前で「物」となるという「他者性」のテーマである。『存在と無』の段階では、もっぱら、ある個人の前での「物化」という形で、個人対個人のドラマとして把握されることが多かった。

『弁証法的理性批判』にいたって

ところが、『弁証法的理性批判』になると、この「他者性」のテーマも変貌し、個人対個人としての「他者の前での物化」という形ではなくなり、個人の存在が社会の仕組みのなかにくりこまれ、社会的必然性という惰性にのりこえられ、「客体化」されるという形へと変転するのである。このことは同時に、『存在と無』では、単にのりこえの対象であるにすぎなかった対象的存在が、人間をのみこみ逆に人間を支配する物質的必然性として把握されるようになるのである。『存在と無』では、存在と人間とは相互に挫折するものとみなされていたのに反し、『弁証法的理性批判』では、存在と人間とは相互に否定的に媒介しあうものとみなされ、媒介の全体性が「全体化」されるにいたるのである。

このようにして、『弁証法的理性批判』に達して、実存主義者サルトルがとげた、最も大きい変貌は、あくまでも諸個人の実践から出発する点では『存在と無』の姿勢を維持しているが、この諸個人が「全体化」され、一つの「集団」の形成をとげるものであることを積極的に説きはじめた点に認めることができる。

「弁証法は全体化しつつある多数の個別者によって行なわれる具体的な全体化作用でしかありえない。」

「弁証法は幾百万もの個人的行為によって織り成されなければならない。」

この「全体化」は同時に一つの「全体知」の成立である。大情勢を認識しえなかった（だれも「戦争」そのものは知りえない、等々）サルトルも、ここにいたって、「全体化」された知性による全体性の把握を可能とした。全体性を把握する知性が「知解」である。この「全体性」を、幾百万もの個別者が「全体化」していくとき、全体性の「知解」は、個々人の「了解」によってのりこえられ、このことによって「知解」されたものの意味が「了解」され、「知ったものを了解する」ことが可能となる。全体性の把握された全体性の意味の了解、これが「全体知」である。このように、サルトルは、『存在と無』で把握された意識の明証性としての「了解」から同じく出発しつつ、全体性とよく媒介し、諸個人の「了解」を「全体化」させ「全体知」を成立させる次第を明らかにすることができたのである。この「全体知」は、「物質性の一元論」の把握であるばかりでなく、個人的実践がいかなる次第で自らこの疎外を蒙《こうむ》らなければならなくなったか、その構造の「了解」でもあるのである。このように、「知解」と「了解」との統合とは、結局、『存在と無』の個人意識に疎外の意識を接合させたものといえよう。

ただし、サルトルの「全体知」も認識論・意識論の立場からみるとき、問題がないわけではない。まず、「了解」自身、認識というより直観に等しい。サルトルは「自己認識」を認めない。意識を科学的に把握することに反対し、これを直観的に「了解」すべきだと主張する。認識はすべて反省だから不純であると考えるのである。反省されると対象は変質してしまい、ありのままの対象でなくなるというのである。しかし、反映論の立場からするとき、対象を反省するのではなく、対象に対して意識を立てることによって、ありのままの形で対象をとらえることができると考える。唯物論の立場では意識による意識の認識（自己認識）は可能である、直観主義によらず、科学的に意識による意識の認識は可能であると考える。

また、サルトルの「全体知」は、疎外の構造の「了解」に力点がおかれていて、存在の客観的構造の把握にはあまり留意されていないきらいがある。それどころか個人の屈折の次第を「了解」することをほんとうに可能とするためにも、むしろ、客観的構造の把握が前提となるべきではないか。サルトルは、個人は全体から「非知」として「発見」される、という。しかし、全体からの「あまりもの」として発見されても、知ではない「非知」として開示されても、その「非知」の意味が「了解」されたとしても、あまりありがたくはない。なぜ、個人が、「発見」される「非知」であらねばならないか、「知解」で把握されない、了解されるべき「非知」とはいったい何か。サルトルは、ここで、「自己認識」という形の知から別れて、「非知」の知としての「直観」=「了解」に逃れるのである。これでは、いつまでたっても、「了解」そのものは認識しえない。できることといえば、「了解」の位置づけを行なうことのみである。しかし、ほんとうに必要なことは、位置づけることではなく、本体と関係を認識することである。ここで必要なことは、むしろ、客観的構造の把握とその構造のなかでの個人の位置の把握、その個人の位置の個人による「自己認識」という方法ではなかろうか。認識をしりぞけた、直観による全体像の把握とは、結局、体験感覚の「全体化」にすぎないのではなかろうか。

できあがってみて、最初意図したものより、少しむずかしくなってしまったと思った。要所要所をサルトルの言葉でうめたことも一原因である。しかし、前後には必ず解説があるし、一度わかれば原文の魅力はまたかくべつのものであるから、少しの苦労はがまんしてほしい。「学問への道はいばらの道だ」というのは、この小さな書物に対しては少しオーバーだが、「学問に王道はない」(王様だって苦労なしでは学者になれぬ)というぐらいはいえそうである。

しかし、私はべつに苦労をすすめているのではない。私は苦労することに自己満足を感じているような人物をあまり好まない。思想が人に与える喜びは、今までの苦労を忘れさせ、過去の苦闘を焼きはなつ焔のようなものだと思う。人はその焔のかがやきに魅せられて、知らず知らず、暗い知識の森にかけ入り、思いもかけぬ労苦に出会うだけのことである。それは冒険家や探険家の苦労と同じものだ。

哲学とは自分の生き方を拡げてくれる翼のようなものである。一度その翼にのれば、その苦労の幾倍かの喜びにつつまれる。「人生を千倍にも生きよう」といったベートーヴェンと同じような、人間性の肯定と拡大の喜びがそこにある。哲学とは知性の最高の喜びなのである。したがって、若い諸君に哲学の魅力について語ることがあるとしても、その苦労についてあまり語ろうとは思わない。だから、本書をさかなにして、諸君が大いに人生を論じ、哲学を論じ、そしてその夜はぐっすりと眠ってもらえれば幸いである。

サルトル年譜

西暦	年齢	年譜	背景をなす社会的、ならびに参考事項
一九〇五年	〇歳	六月二一日、パリに生まれる。父は高等理工科学校出身の海軍技術士官。母はドイツ語教師の娘。ノーベル平和賞のアルベルト＝シュヴァイツァーは母のいとこ。	日露戦争（一九〇四〜五）
一九〇七	二	父熱病で死ぬ。母と母方のムードン地方に住む祖父の家にひきとられる。	
一九一一	六	祖父母パリへ移転。サルトル母子もともに移る。読書をはじめ、物語をかく。	
一九一四	九		六月、第一次世界大戦始まる。
一九一五	一〇	アンリ四世高等中学に入学。ポール＝ニザンを知る。	
一九一六	一一	母再婚。義父は父と同じ学校出身の造船技師。義父の勤務地ラ-ロシェルに転校。	一九一七年一〇月、ロシア革命。
一九二〇	一五	パリへ帰る。	
一九二一	一六	六月、第一次大学入学資格試験に合格。	

一九二三年	一七歳	六月、第二次大学入学資格試験に合格。	
一九二四	一九	六月、高等師範学校《エコール・ノルマル》に入学。三歳年上のカミーユと恋愛。	
一九二七	二二		ハイデッガー『存在と時間』
一九二八	二三	教授資格試験に落ちる。	
一九二九	二四	シモーヌ＝ド＝ボーヴォワールを知る。七月、教授資格試験一番で合格。ボーヴォワールと二カ年の契約結婚をする。一〇月兵役につく。	
一九三一	二六	兵役を終える。前年からかきはじめていた『真理伝説』の一部を発表。北仏の港町ルーアーヴルの高等中学に就職する。	
一九三三	二八	ベルリン留学。フッサール、ハイデッガーを知る。	ナチスが政界に進出し、第一党となってヒトラーが首相となる。
一九三四	二九	留学を終えてルーアーヴルに帰る。	ヒトラー、総統となる。
一九三六	三一	ランの高等中学に転職。『想像力』を発表。短篇『エロストラート』をかく。	
一九三七	三二	『自我の超越』、短篇『壁』を発表。パリの高等中学校へ転職。	
一九三八	三三	『嘔吐』発刊。『部屋』『フォークナー論』『ジョン＝ドス＝パソス論』『一指導者の幼年時代』『自由への道』をか	フッサール死亡（一八五九〜）

		きはじめる。	
一九三九	三四	『フッサールの現象学の根本理念』『フランソワ＝モーリアックと自由』『フォークナーにおける時間性』発表。	第二次世界大戦始まる。仏英対独宣戦布告。
一九四〇	三五	サルトルは動員され砲兵隊に配属されアルザスに駐屯。『ジャン＝ジロドゥー氏とアリストテレス』発表。サルトルは捕虜となる。	六月一七日フランス軍降伏。
一九四一	三六	三月、釈放されパリに帰る。高等中学校へ復職、戯曲『蠅』をかく。レジスタンスへ参加する。	太平洋戦争、日本も第二次大戦に突入。
一九四二	三七	『自由への道』第一部「分別ざかり」脱稿。	
一九四三	三八	カミュを知り『異邦人』への解説をかく。『出口なし』発表。シナリオ『賭はなされた』をかく。大著『存在と無』を発刊。	イタリア無条件降伏。
一九四四	三九	ジャン＝ジュネを知る。『沈黙の共和国』をかく。高等中学校を休職する。	八月二三日、パリ解放。
一九四五	四〇	「フィガロ」紙特派員としてアメリカへ渡る。『アメリカの個人主義と画一主義』『アメリカの都市』をかく。メルロ＝ポンティーとともに『現代』誌を発刊する。創刊号に『創刊の辞』をかく。『デカルト的自由』をかく。『実存主義はヒューマニズムか』というタイトルで講演を行なう。『自由への道』第二部『猶予』を発刊。	五月ドイツ降伏。八月日本降伏。

一九四六年	四一歳	『唯物論と革命』を発表。再びアメリカにわたり、アメリカに関するいくつかの論文を発表する。『墓場なき死者』『恭々《うやうや》しき娼婦』初演される。シナリオ『歯車』をかく。	
一九四七	四二	『文学とは何か』発表。『ボードレール論』発刊。	
一九四八	四三	『汚れた手』初演。ジャコメッティ論『絶対の探究』を発表。	
一九四九	四四	『自由への道』第三部『魂のなかの死』第四部『最後の機会』発表。	サルトルも一時参加した革命的民主連合解散。北大西洋条約調印。東ドイツ、中華人民共和国成立。
一九五〇	四五	『冒険家の肖像』をかく。	
一九五一	四六	『悪魔と神』初演。『汚れた手』映画化さる。	
一九五二	四七	『共産主義者と平和』を発表。アルベール＝カミュと論争する。ウィーン平和大会に出席。『聖ジュネ論』発表。『恭々しき娼婦』映画化。	反リッジウェイ・デモ。これの指導者デュクロ共産党副書記長逮捕される。抗議ゼネスト。アンリ＝マルタン事件。
一九五三	四八	『共産主義と平和』をめぐってルフォールと論争する。	スターリン死亡（一八七九〜）
一九五四	四九	ベルリン平和会議に出席。	アルジェリア独立戦争始まる。

一九五五	五〇	『出口なし』映画化。ボーヴォワールとソビエト旅行。『ソビエト芸術論』をかく。『ジャコメッティの絵画』を発表。『ネクラソフ』初演。ボーヴォワールとともにソビエトならびに中国訪問。『中国印象記』をかく。	
一九五六	五一	ベニスのヨーロッパ文化会議に出席。	スターリン批判。ハンガリー事件。
一九五七	五二	『スターリンの亡霊』をかく。『方法の問題』をかく。	
一九五八	五三		フルシチョフ、ソビエト首相となる。
一九五九	五四	『アルトナの幽閉者』初演。	
一九六〇	五五	カミュ追悼文をよせる。『弁証法的理性批判』を発刊。	カミュ急死。
一九六一	五六	『生けるメルロ＝ポンティー』をかく。イポリット、ガロディと討論する。右翼のテロにねらわれる。	ケネディー米大統領となる。
一九六二	五七	ボーヴォワールとモスクワ平和大会に出席。右翼のプラスチック爆弾によって部屋を破壊される。ポーランドの週刊誌に知識人の任務について語る。	
一九六三	五八	『言葉』を発表。	ケネディー暗殺さる。
一九六四	五九	ノーベル文学賞を辞退する。	フルシチョフ時代終わり、コスイギンが首相となる。
一九六五	六〇		ベトナム戦争拡大（米の北爆開始）

一九六六年	六一歳	ボーヴォワールともに訪日。バートランド＝ラッセルの提案によるベトナム犯罪裁判国際法廷に共感し、その裁判長となる。	
一九六八	六三	インタビュー「学生の暴力と体制の否認」、『五月革命の思想』、「イタリア学生との対話」、「プラハ事件についてのインタビュー」、「チェコスロバキア問題とヨーロッパ左翼」を発表。	「五月革命」 チェコ事件
一九六九	六四	インタビュー「してやられた若者たち」を発表。	ヤスパース死去（一八八三〜）
一九七〇	六五		バートランド＝ラッセル死去（一八七二〜）
一九七一	六六	『家の馬鹿息子——オーギュスト・フローベル論』第一、二巻出版。	
一九七二	六七	同、第三巻出版。	
一九七四	六九	『反逆は正しい』出版。	
一九七五	七〇	談話「七〇歳の自画像」	
一九八〇	七五	対談「いま、希望とは」 四月一五日、死去。	
一九八六			ボーヴォワール、死去（一九〇八〜）

参考文献

本書をおぎなう意味で各領域ごとに、比較的入手しやすいものを紹介しておこう。

伝記

サルトル入門　白井浩司著　講談社現代新書　昭41
ボーヴォワールとサガン　朝吹登水子著　読売新聞社　昭44
別れの儀式　ボーヴォワール著　人文書院　昭58

実存主義全般

実存主義　松浪信三郎著　岩波新書　昭37
マルクス主義と実存主義　榊利夫著　青木書店　昭41

サルトル全般

サルトルの全体像　竹内芳郎・鈴木道彦編　ぺりかん社　昭41
わが友サルトル、ボーヴォワール　朝吹登水子著　読売新聞社　平3

サルトルの文学

サルトルの文学　小島輝正著　ぺりかん社　昭41
サルトルの文学　鈴木道彦著　紀伊国屋新書　昭38
サルトルとカミュ　寺沢恒信著　弘文堂新社　昭34

サルトルの哲学

サルトル哲学序説　竹内芳郎著　盛田書店　昭31
サルトル　松浪信三郎著　勁草書房　昭41
サルトルとマルクス主義　竹内芳郎著　紀伊国屋新書　昭40
サルトルの存在論　村上嘉隆著　啓隆閣　昭42
サルトルの現象学　村上嘉隆著　村田書店　昭63
サルトル哲学研究　小林利裕著　三和書房　昭32
サルトル　アルベレス著　理想社　昭31
サルトルとマルクス主義　キヨーディ著　合同出版社　昭42
サルトル　矢内原伊作著　中公新書　昭42
思想の歴史10　ニーチェからサルトルへ　清水幾太郎編　平凡社　昭41
サルトルの晩年　西永良成著　中央公論社　昭63

ボーヴォワール研究

ボーヴォワールの哲学　村上益子　啓隆閣　昭42
ボーヴォワール　村上益子著　清水書院　昭59
哲学は女を変える　村上益子著　はまの出版　平5

さくいん

―完―

サルトル■人と思想《しそう》34　　　定価はカバーに表示

1970年4月20日　第1刷発行©
2014年9月10日　新装版第1刷発行©
2020年12月20日　新装版第3刷発行

・著　者 ……………………………村上《むらかみ》　嘉隆《よしたか》
・発行者 ……………………………野村久一郎
・印刷所 ……………………大日本印刷株式会社
・発行所 ……………………株式会社　清水書院

〒102-0072　東京都千代田区飯田橋3－11－6
Tel・03(5213)7151～7
振替口座・00130－3－5283
http：//www. shimizushoin. co. jp

検印省略
落丁本・乱丁本は
おとりかえします。

CenturyBooks

Printed in Japan
ISBN978-4-389-42034-5

Century Books

清水書院の〝センチュリーブックス〟発刊のことば

近年の科学技術の発達は、まことに目覚ましいものがあります。月世界への旅行も、近い将来のこととして、夢ではなくなりました。しかし、一方、人間性は疎外され、文化も、商品化されようとしていることも、否定できません。

いま、人間性の回復をはかり、先人の遺した偉大な文化を継承して、高貴な精神の城を守り、明日への創造に資することは、今世紀に生きる私たちの、重大な責務であると信じます。

私たちがここに、「センチュリーブックス」を刊行いたしますのは、人間形成期にある学生・生徒の諸君、職場にある若い世代に精神の糧を提供し、この責任の一端を果たしたいためであります。

ここに読者諸氏の豊かな人間性を讃えつつご愛読を願います。

一九六六年

SHIMIZU SHOIN